돈 되는 작은 가게
반값으로 창업하기

돈 되는 작은 가게 반값으로 창업하기

초판 1쇄 인쇄 2017년 8월 16일
초판 1쇄 발행 2017년 8월 21일

지은이 조경민
펴낸이 백유미

Publishing Dept.
CP 조영석 | Chief editor 박혜연 | Editor 박혜주 안미성
Marketing 이원모 방승환 조아란 | Design 문예진 엄재선

Education Dept.
박은정 김주영 이정미 이하영

Management Dept.
김윤정 임미현 윤민정

펴낸곳 라온북
주소 서울시 서초구 효령로 34길 4, 프린스효령빌딩 5F

등록 2009년 12월 1일 제 385-2009-000044호
전화 070-7600-8230 | **팩스** 070-4754-2473
이메일 raonbook@raonbook.co.kr | **홈페이지** www.raonbook.co.kr

값 13,800**원**
ISBN 979-11-5532-303-8(03320)

* 라온북은 (주)니카의 출판 브랜드입니다.
* 잘못된 책은 구입한 서점에서 바꾸어 드립니다.

작은 술집 초짜 사장님들을 위한 백전백승 노하우

돈 되는 작은 가게 반값으로 창업하기

조경민 지음

RAON BOOK

프롤로그

당신도 얼마든지 불황속에 줄 서는 가게를 만들 수 있습니다

"요즘 불황인데 음식점 장사 같은 건 어때? 잘돼? 나도 창업하려고 하는데…."

불황인데도 창업을 생각하는 친구가 있다. 그러면 나는 이렇게 답한다.

"잘 되지. 불황이라 더 잘돼!"

다른 가게들은 불황이라 허덕이고 있는데 어떻게 잘 되는 걸까? 어떻게 그렇게 줄을 서는 가게를 만들 수 있었을까? 이러한 궁금증을 가진 사람들에게 내가 경험한 사례를 바탕으로 '불황 속에 줄 서는 가게의 장사 비법'을 소개하려고 한다. 이런 불경기에 가게를 운영하거나, 창업을 시도하는 많은 이들에게 도움을 줄 수 있지 않을까 생각하여 이 책을 쓰게 되었다.

참 많은 가게가 생기고, 그만큼 또 많은 가게가 문을 닫는다. 그런 것을 보면 가게를 '창업하기'는 쉬운데 그것을 '유지'하는 것은 참 힘들다는 것을 느낀다. 2016년 통계청 자료에 따르면 창업 후 5년 이내 망할 확률이 82.3%라는 조사 결과가 나왔다. 그 말은 새로 문을 연 가게 100곳 중에서 83곳이 5년 이내에 문을 닫고, 나머지 17곳 만이 계속 장사를 하고 있는 뜻이다.

요즘 같은 불경기 속에서는 가게를 유지하는 것 자체가 힘들다는 소리를 많이 듣는다. 그럼 이런 불황 속에 가게를 창업하여 살아남는 방법, 아니 대박을 낼 방법은 없는 걸까? 불황이니 창업을 하지 말아야 할까? 그것도 아닌 것이 불황에도 불구하고 '대박집'들은 손님들이 한 시간, 두 시간까지 줄을 서며 기다린다. 그 비결은 뭘까? 나는 지금 같은 불황에는 불황에 맞는 사업을 해야 한다고 생각한다. 불황을 이용하는 불황형 사업을 해야 한다는 말이다.

흔히들 일본이 한국보다 앞서간다고들 한다. '일본에서 뜨는 것이, 몇 년 뒤에 한국에서 뜬다'라는 말은 많이 들어봤을 것이다. 일본은 우리보다 앞서서 불황을 겪었다. '잃어버린 20년'이라고 부르는 '일본의 장기불황'은 1991년부터 시작하여 20여 년간 이어졌다. 장기 불황 속에 뜬 일본의 사업은 어떤 것이 있을까? 대표적인 예로 '야노 히로타케' 회장이

1987년에 창업하여 현재 세계적으로 3천여 개의 매장을 운영하는 '100엔숍(다이소)'이 있다. 단돈 100엔(약 1천 원)짜리 상품을 팔아 3천억 엔(약 3조 원)의 매출을 올리며, 불황에도 불구하고 급격한 성장을 이뤄낸 기업 중 하나다. 한국에도 '최적의 제조방법으로 상품을 만들어 최저의 가격으로 소비자에게 드리겠다'는 콘셉트를 가진 '노브랜드(이마트 자체 브랜드)'가 있는데 2015년 234억의 매출이 불과 1년 사이 1천9백억 원의 매출로 급증하였다.

이는 한국의 불황 속에 성공한 불황형 사업의 대표적인 예라고 할 수 있다. 여기서 시사하는 바가 무엇일까? 불황 속에 소비자들의 지갑이 얇아진 만큼 저가 상품의 소비 열풍으로 불황형 사업이 급격한 성장을 이루어 냈다는 것을 알 수 있다. 이러한 사례를 보고 많은 사람들이 이미 저가형 사업을 진행했다. 하지만 그런 저가형 사업도 얼마 못 버티고 문을 닫는 경우를 종종 보았을 것이다. 왜 그럴까? 문을 닫는 데는 여러 가지 이유가 있겠지만 이런 마인드로 저가형 사업에 뛰어드는 사람들이 많기 때문이다.

'우리는 싸니까 품질이 조금 떨어져도 돼!'
'우리는 싸니까 서비스의 질이 조금 떨어져도 돼!'
'어쩔 수 없잖아? 우리는 고급집도 아닌걸.'

이러한 생각은 불황형 사업을 잘못 이해하여 '무조건 싸게만 하면 다

잘될 것이다'라는 착각에 빠진 사람들이 하는 잘못된 생각이다. 친절하지도, 품질이 좋지도 않은데 싸다고만 해서 사업이 잘될 턱이 없다. '이익이 적기 때문에 다른 부분은 어쩔 수 없다'라고 합리화시켜선 안 된다. 불황에도 불구하고 급격한 성장을 이뤄낸 일본 다이소의 야노 히로타케 회장의 이야기는 이 같은 불황형 사업에 시사하는 바가 크다.

> 야노 회장은 장인어른께 물려받은 회사가 망하면서 빚더미에 오르자 아내와 함께 트럭을 타고 돌아다니며 저가의 물건들을 팔러 다녔다. 당시 나이 29세였다. 부부는 하루 일과가 끝나면 다음 날 팔 물건에 가격표를 붙이곤 했다. 아내가 둘째 아이를 임신하면서 가격표 붙일 시간이 부족해지자 그는 모든 물건값을 100엔으로 정해버렸다. 100엔숍의 비즈니스모델이 탄생한 순간이었다. 그 뒤 물건은 불티나게 팔리기 시작했고 빚도 모두 갚았다. 야노 회장은 '야노 상회'라는 버젓한 점포도 낼 수 있게 됐다.
>
> 그러던 어느 날 야노 회장은 매장을 찾은 한 손님이 "싸구려라 오래 못 쓴다"고 속삭이는 말을 듣고 충격을 받았다. 이때부터 그는 이익률을 최대한 낮추고 품질을 높이기로 전략을 바꿨다. 야노 회장은 70엔에 물건을 들여와 100엔에 파는 대신 고객이 만족할 수 있는 품질이면 무조건 100엔에 맞춰 팔기로 했다. 구매가격의 한계를 없애 때

로 100엔에 사와 100엔에 팔기도 했다. 야노 회장의 가격 결정 기준은 '원가'가 아닌 '고객'이었다. (이하 생략) 품질에 대한 그의 고집은 대단한 것으로 정평이 나 있으며, 고객을 만족시키기 위해 직원들에게 친절 교육도 혹독하게 시키고 있는 것으로 알려졌다. 그는 100엔짜리 물건도 고객 요구라면 사후 서비스뿐 아니라 리콜을 하는 등 서비스의 질을 높여야 한다고 말한다. (자료 출처: 《비즈니스포스트》 2014.12.5.-김수정 기자)

이 기사를 통해 알 수 있듯이 다이소가 불황 속에 성공할 수 있었던 이유는 이익률을 낮추고 품질을 높이려는 노력, 즉 본인의 이익보다 고객의 이익을 생각하는 마음이 있었기 때문이다. 또한, 단돈 100엔짜리를 팔면서도 서비스의 질을 높여야 한다는 마인드로 사업을 했기 때문에 이렇게까지 성장할 수 있었다. 이처럼 불황 속에서는 '단순히 싸게만 파는 것'이 아니라 이 같은 마인드를 본받아서 사업을 해야 한다. 또한, 현재 우리나라는 일본과 같이 불황이 장기화될 수 있다.

이러한 시점에 가게를 창업하고자 하는 분들에게 '불황 속에 어떤 가게를 차려야 하는지', '그러기 위해 무엇을 준비해야 하는지', '어떻게 해야 줄 서는 가게를 만들 수 있는지', '그것을 어떻게 유지할 수 있는지'를 내가 경험한 사례를 통해 그 비결을 소개해줌으로써 앞으로의 현실적인 대안을 마련해 드리고자 한다.

많은 사람들이 이 책을 읽고 마지막 장을 덮을 때 희망과 용기를 얻었고 많은 도움이 되었다는 이야기를 해주신다면 더 바랄 게 없겠다. 또한 사람들이 불황 속에 더 크게 번창하는 사업을 할 수 있기를 기대한다.

책이 나올 수 있게 도와주신 조영석 소장님과 형 조성민, 성공책쓰기 동기 분들에게 감사의 말씀을 드리며, 언제나 든든한 버팀목이 되는 카즈 상과 힘들어도 군말 없이 따라와준 시후쿠 가족들에게 이 기회를 빌어 고마움을 전하고 싶다.

마지막으로 언제나 나를 믿어주고 내 꿈의 동반자가 되어준 사랑하는 아내 미카와 내 삶에 이유가 되어준 두 아들 연우, 준우에게 이 책을 바친다.

오너셰프 조경민

목차

2장
불황속 가게? 시작은 작은 가게

3장
불황속 인테리어? 저비용 고효율 인테리어!

4장 불황속 장사 노하우 I 불황에 통하는 마케팅

5장 불황속 장사 노하우 II 불황에 맞는 동업 창업

6장
불황속 호황 가게? 음식의 맛이 일정하다

1장

불황형 사업?
차별화가 답이다

불황이라서 더 좋다. 불황에 더 강한 가성비의 힘!

다들 장사가 잘되는 가게를 차리기를 원한다. 가게가 잘된다는 것은 다른 음식점보다 경쟁력이 있다는 소리인데, 경쟁력을 가지려면 어떤 것들이 있을까?

가격, 맛, 분위기, 친절함 등 많은 부분이 있지만 나는 먼저 가격에 대해 말하고 싶다. 가격은 아주 중요하다. 특히나 경기불황인 요즘에는 더욱 중요한 요소가 된다. 고객의 지갑이 얇아져서 먹기 전 얼마인지 따져보기 때문이다. 또한 가격이 고객의 기대치와 연관되기도 한다. 가격이 높으면 기대치가 상승하고 가격이 낮으면 기대치가 낮아진다.

우선 낮은 가격이라는 기준을 말하자면, 일본식 음식점에서 돈까츠가 한 장 들어있는 가츠동(돈까츠 덮밥)이 7천 원이라고 가정했을 때 어떤

가? 비싼가? 싼가? 아니면 적당한가? 가격이 '비싸다', '싸다'라는 부분은 개인차가 크지만 7천 원이라는 이야기를 들었을 때 특별한 감흥이 없다면 싼 가격은 아니라는 말이다. 그러면 5천 원이라고 하면 어떤가? 요즘 물가가 비싸져서 김밥천국에서도 5천 원짜리 메뉴가 많이 없어졌다. 일본식 음식점에서 5천 원짜리 가츠동이 있다고 하면 대부분 '싸다'고 느낄 것이다. 하지만 위에서 말했듯이 '싼 게 비지떡'이라는 생각을 가져서 그만큼 기대치가 떨어진다. 그런데 이 부분을 공략해야 한다. 5천 원짜리 가츠동을 7천 원짜리 가츠동처럼 만들어주면 고객은 어떨까? 그것을 먹어보면 낮은 기대치에서 큰 만족감을 받을 것이다.

7천 원짜리 가츠동을 7천 원 주고 먹었을 때와는 다른 더 큰 만족감을 느낀다. '아니! 이거 정말 5천 원짜리 맞아?'라고 하면서 말이다. '가격이 너무 착하다', '가격 대비 정말 훌륭하다'는 지금 내가 운영하는 이자카야 '시후쿠'에서 손님께 가장 많이 듣는 말이다.

싸구려 식자재를 사용해 싼 음식을 만들라는 말이 아니다. 5천 원에 판매하지만 3천 원짜리처럼 보이면 가격이 싸도 아무 의미가 없다는 말이다. 중요한 것은 5천 원의 음식을 7천 원짜리처럼 보이게 파는 것, 반대로 7천 원의 음식을 5천 원에 판매하는 것이 포인트다. 이런 것을 '가성비'라고 부르는데 가격대비 성능비의 준말이다.

고객 입장에서 지급한 돈보다 많은 이득을 취하였다고 느끼면 가성비가 좋은 것이다. 가성비가 좋으면 많은 사람이 SNS에 올려주고, 입소문이 나며, 가게까지 먹으러 와준다.

중요한 것은 5천 원의 음식을 7천 원짜리처럼 보이게 파는 것이다.

불황에 맞서는 박리다매 전략!

많은 사람이 '가격이 이렇게 싸면 남는 것이 있냐? 너무 안 남는 거 아니냐?'라는 말을 많이 한다. 솔직히 덮밥 한 개를 판다고 얼마나 남겠는가? 그래서 나는 가츠동을 7천 원으로 책정하여 10개를 팔 것을 5천 원으로 책정하여 50개를 팔 생각으로 장사하고 있다.

실제로 우리 가게는 항상 손님이 붐빈다. 저녁의 경우 6시에 오픈인데 바쁜 날은 오픈하자마자 만석이 된다. 이런 불황 속에서도 손님의 지갑을 열 수 있는 이유는 저렴한 가격이 한몫하고 있다. 같은 매출일 때 싸게 많이 파는 것과 비싸게 적게 파는 것을 비교하면 싸게 많이 파는 것이 당연히 힘들게 느껴지고 이익도 적다. 그런데도 싸게 파는 이유는 다른 가게와의 경쟁력을 높이기 위함이다. 가격이 싸다는 것 자체가 경쟁력일 수도 있지만 다른 시점으로 보았을 때도 경쟁력이 있다.

예를 들면 7천 원짜리 나가사끼 짬뽕을 100개 팔았을 때와 같은 나가사끼 짬뽕을 1만4천 원에 50개 팔았을 때는 모두 70만 원이라는 매출이 발생한다. 같은 나가사끼 짬뽕이라고 가정하면 50개의 짬뽕을 만든 것보다 100개의 짬뽕을 만든 것이 당연히 더 힘들고 피곤할 것이다. 하지만 가게가 20평이라고 가정할 때 100명의 손님이 다녀가는 것과 50명의 손님이 다녀가는 것을 생각해볼 때 어떤가? 매출은 같지만, 당연히 100명의 손님이 다녀갈 때 북적이는 느낌이 들고 자리가 없어 줄을 선다.

음식이라는 것은 맛에 한정된 것이 아니다. 북적이고 줄은 서는 가게가 더욱 맛집이라는 느낌을 준다. 줄을 서 있는 것만으로도 지나가는 사람들의 시선을 우리 가게로 돌릴 수 있다. 그렇게 몇 번 하면 '이곳은 항상 줄을 서네? 맛집인가 봐'라는 소리도 들을 수 있게 된다.

손님이 손님을 부른다는 말이 딱 맞는 상황이다. 비싸게 팔면 많이 남길 수 있을지 모른다. 그러나 경기 불황 속에 손님의 발길이 끊기면 가게도 곧 문을 닫을 수도 있다는 것을 명심해야 한다.

손님 지갑을 여는 법. 임팩트 있는 가격 선정이 답이다

가격을 싸게 선정하는 것은 위에서 말한 것과 같은 맥락인데, 지금부터 말하려는 부분은 가격을 '임팩트'있게 책정하는 것의 중요성이다.

가게를 차리고 가게 메뉴를 선정하고, 그 메뉴의 가격을 정할 때 사람들은 많은 고민에 빠진다. '메뉴를 얼마에 팔면 좋을까?' 비싸게 팔면 남는 것은 많으나 손님이 오지 않을 것 같고, 싸게 하면 싸구려 음식같이 보일까? 걱정 되고 남는 게 없을 것 같다. 이리저리 생각하다가 비싸지도 싸지도 않은 중간 가격을 매기는 경우가 많다.

하지만 여기서 적당한 가격이라는 것은 어찌 보면 가장 안 좋은 선택일 수도 있다. 왜냐하면, 임팩트가 없기 때문이다. 가격이 비싼 경우는 그만큼 식재료비에 많은 투자를 할 수 있다. 고퀄리티의 메뉴를 만들 수 있어서 '역시 비싼 게 다르긴 다르구나!'라는 생각으로 손님에게 호응을 얻을 수 있다. 또한 싼 가격에 책정한 경우는 손님이 기대하지 않고 시키는 경우가 많은데 조금만 음식에 신경을 쓰면 고객의 호응이 엄청 좋은 경우가 많다. '아니! 이 가격에 이런 음식이?'라는 식이다. 반면 중간 가격을 선택했을 경우는 이도 저도 아닌 경우가 많다.

고객 입장에서 보면 '음… 뭐… 이 정도 가격에 이런 음식이면 적당하네…'라는 식이다. 하지만 그런 경우는 임팩트가 없어 입소문을 타기는 힘들다.

내가 운영하는 시후쿠는 '가격이 싸나 퀄리티가 높은 음식(가성비가 높은 음식)'을 콘셉트로 잡고 음식을 내놓는데 손님들에게 반응이 좋다. 요즘 어느 이자카야에 가도 있을 법한 '나가사끼 짬뽕'을 예로 들면 새우, 오징어, 꽃게, 홍합, 바지락 등 각종 해물과 배추, 양배추, 당근, 양파, 숙주 등이 들어간 일본식 짬뽕인데 가격은 7천 원에 받고 있다.

지역에 따라 다르지만 보통 이자카야에서 나가사끼 짬뽕의 경우 1만4천 원~1만9천 원 정도를 책정하는데 그에 절반도 미치지 않는 가격인 셈이다. 단연 면 요리 중에 인기가 가장 높은 메뉴이기도 하다.

사람마다 견해가 다르기는 한데, 나는 창업 시 메뉴 가격 산정에서는 욕심을 버리고 낮은 가격으로 책정하라고 말하고 싶다. 요리를 시작한 지 얼마 안 된 예비 창업자라면 더욱이 말이다.

창업 시 메뉴 가격 산정에서는 욕심을 버리고 낮은 가격으로 책정하라고 말하고 싶다.

너무 싸게 하면 일에 지쳐 나가떨어진다?

반대 견해에서는 '가격으로 승부하지 말아라'라는 말이 많다. '너무 싸게 하면 돈도 못 벌고 일에 지쳐 나가떨어진다', '주변 가게의 가격까지 내려간다' 등의 입장이다. 이런 의견에 반론하자면 우선 일에 지쳐 나가떨어진다는 말은 창업하면 손님이 엄청 몰려들 것이라는 걸 전제로 한다. 손님은 많은데 가격이 너무 싸서 월세, 인건비, 식재료비 등을 빼면 남는 것이 없다는 것이다.

'내가 이렇게 힘든데 이것밖에 못 가져가?'라는 생각이 들고 '내가 회사 생활을 할 때도 이것보다는 많이 가지고 갔는데, 하루 12시간, 13시간씩 뼈 빠지게 일하고 이런 월수입이라니…'라는 생각이 든다는 것이다. 그래서 '아, 가격을 싸게 한 것이 잘못이구나…'라는 결론을 내는 경우가 많다. 여기서 묻고 싶은 질문은 '처음부터 가격을 비싸게 책정했더라면 손님이 과연 이렇게까지 찾아 왔을까?'이다. 다들 손님이 항상 많을 것을 전제로 '가격을 이만큼 더 높게 책정했더라면 이만큼은 더 가져갔을 텐데…'라는 것이다. 가격을 낮게 책정했기 때문에 손님이 그만큼 가게를 더 찾아와주셨다는 것도 알아야 한다.

처음부터 가격을 높게 잡아서 손님이 들어오지도 않는다든지, 한 번 오고 메리트를 느끼지 못해 발길이 끊길 수도 있다. 그러면 손님이 많아 피곤해서 일에 지쳐 쓰러지는 것은 고사하고 매출 자체가 나오지 않아 가게 경영 자체가 힘들어진다. 또한 '주변 가게 가격까지 내려간다'고 말하는 사람도 있는데, 상황에 따라 다르다. 이미 주변 상권이 말도 안 되게 싼 분위기인데 거기에 더 싼 가격으로 뛰어들어 봤자 본인도 힘들고 나머지 옆 가게까지 힘들어지는 상황이 생길 수 있다.

하지만 내가 하는 가게가 이자카야이기 때문인지도 모르지만, 주변 어디를 봐도 그렇게 말도 안 되게 싸게 파는 집이 없다. 오히려 너무 거품이 많거나, 저퀄리티에 가격만 높게 책정하는 술집을 많이 봤다. 이런 경우 옆집보다 비슷한 퀄리티나 더 좋은 퀄리티를 내놓고 가격 또한 더 저렴하게 내놓는다면, 고객이 어느 가게를 찾아오는지는 안 봐도 뻔하다. 옆 가게가 힘들어지는 것은 사장들 입장이지 고객의 입장은 아니다.

고객의 입장에서 생각하면 가격을 주변 상권보다 저렴하게 하는 것 또한 전략이고 가격이 자기 가게만의 무기가 될 수도 있다는 것을 말하고 싶다.

불황에 '점점 힘들어지는 가게'와 '날이 갈수록 줄 서는 가게' 그 차이는?

불황에 '점점 힘들어지는 가게'와 '날이 갈수록 줄 서는 가게'의 차이는 뭘까? 여러 가지가 있겠지만 그중 하나는 '단가 조정'이다. 즉, 임팩트 있게 책정한 가격을 올리지 않는 것이 중요하다.

장사하면서 가격을 올리는 것은 중요한 일인데 별로 대수롭지 않게 생각하는 사람들이 많다. 장사가 잘되면 '어차피 가격을 올려도 장사가 잘될 텐데' 하며 가격을 올리는 사람들이 있다. 장사가 잘되는 가운데도 가격을 올리지 않으면 입소문을 타서 장사가 더 잘될 것은 뻔하다. 장사가 잘된다고 가격을 올리면 고객 입장에서는 가격을 올린만큼 그 음식점에 대한 메리트가 점점 떨어진다고 볼 수 있다. 또 이와 반대로 장사가 안되면 '손님도 없는데 이렇게 낮은 가격으로 팔다가는 가게가 망하겠어. 조금이라도 남기기 위해서라도 가격을 올려야겠어'라고 하는 사람들도 많이 봤다. 이러한 경우 생각 자체가 잘못된 것이다.

손님이 없으면 가격을 높일 생각을 하는 것이 아니라 손님을 늘릴 생각을 해야 하는 것이 맞다. 이런 가게는 불황에 '점점 힘들어지는 가게'로 전락할 가능성이 크다. 손님이 없다는 것은 가게에 대한 메리트가 없다는 것인데 가격까지 높이면 현재 있는 손님마저 떨어져서 가게의 생존이 어려워질 수 있다. 이처럼 불황 속에 '가격의 단가 조정'은 가게의 '생존'과 직결된다.

보통 대기업의 경우 많은 이윤을 남기기 위해 조금씩 가격을 올린다. 그리고 마케팅을 잘해서 가게가 정한 가격을 고객이 받아들일 수 있도록 유도를 한다. 그런데 소자본의 가게는 막대한 자본금을 가지고 있는 대기업과 같은 생각과 방법으로 접근해서는 안 된다. '생존'을 위해 우선 몇 년간 가게를 유지 시킨 후 기반을 다져야 한다.

이렇게 '생존'에 집착한 이유는 무엇일까? '가게에 줄을 세우는 것'을 성공이라고 표현했을 때, 그 '성공'은 '생존'을 전제로 하기 때문이다. 우선 '생존'을 할 수 있어야 '성공'을 할 수 있다.

생존을 위한 노력!

나 또한 불황 속에 생존하기 위한 노력했다.

현재 운영 중인 '시후쿠'는 2012년에 창업해서 2017년인 지금까지 몇 개의 음식을 제외하고 대부분 음식이 5년 전과 가격이 그대로다. 식사 메뉴로 예를 들면 가츠동(돈까츠 덮밥), 쇼유라멘(간장라멘), 미소라멘(된장라멘) 등이 아직도 5천 원이다. 생존을 위해 가격을 올리지 않은 것이다.

많은 사람이 나에게 이렇게 묻는다. '물가는 계속 오르는데 가격을 올리지 않으면 뭐가 남아요? 생존은 고사하고 점점 손해만 보다가 결국 남는 게 없어서 망하는 거 아닌가요?'라고 말이다.

단기간의 수익만 보고 생각했을 때는 점점 손해를 보고 있다는 생각이 들 것이다. 하지만 바로 앞의 단기적인 수익보다 좀 더 멀리 볼 필요가 있다. 그렇다면 우리는 계속 손해만 보면서 기다리고만 있어야 하는 것일까? 그것도 아닌 것이 '가격을 올리지 않음'으로 인해서 좋은 점도 있으므로 손해만 본다고 할 수는 없다.

시후쿠처럼 5년 동안 식사 메뉴를 5천 원에 판매한 경우를 보면, 5년 전에는 5천 원짜리 덮밥은 별거 아니었지만 지금은 찾아보기 힘들어진 착한 가격이 되었다. 즉, 고객의 입장에서 볼 때 '가격을 올리지 않는다'라는 것은 '시간이 지남에 따라 그 가게의 메리트가 상승한다'와 비례한다. 이렇게 노력을 하며 가격을 올리지 않은 만큼 수익을 조금 가져가면서 가게를 유지하고 있었는데, 어느 순간 손님들이 한 분, 두 분 줄을 서는 것을 경험했다.

"야! 대박! 가격 완전 착한데? 요즘 거의 이런 가격 없지 않아?"

"그렇지! 요즘 정말 5천 원으로 밥 먹을 수 있는 데가 없지! 근데 나 여기 자주 오는데 가격만 싼 게 아니야. 맛도 있어!"

또 저녁 오픈 후에 만석이 되고 줄을 서면서 이런 말을 한다.

"여기는 안주도 가격이 다 싸! 요즘 일본식 선술집에서 8천 원, 9천 원짜리 안주가 어디 있어!"

"그러게. 우리 모임 가지면 이제부터 여기서 모여야겠네."

노력을 한 결실이 보였다. 줄 서는 분이 한 분, 두 분 늘어가더니 15분, 30분, 1시간을 기다리는 손님들이 늘어갔다. '티클 모아 태산'이라고 했던가? 적은 이익을 남기긴 했지만 손님이 많이 늘어가니 수익도 그만큼 늘어갔다. 즉 내가 선택한 길은 박리다매 전략이다. 이렇듯 가게 유지와 성공에 있어서 가장 중요한 부분은 고객의 재방문 유도다.

돈에 대한 욕심을 조금 버리고 한번 온 고객을 다시 찾아오게 하려고 가격을 유지하는 것이다. 이처럼 한 달, 두 달 등 단기간을 보면 수익을 못 가져가는 것처럼 보이나, 장기간을 바라보았을 때는 다르다. 한 달, 두 달이 아닌 5년, 10년을 바라보았을 때 가게가 존속하는 방법을 생각하면 돈보다 고객의 재방문이 중요하다.

불황 속에 차별화 두기!
일본 느낌 나는 일본 가게 만드는 법!

요즘 같은 불황 속에 어디 가도 있을 법한 평범한 가게를 차린다면 치열한 경쟁 속에 뒤처질 것은 분명하다. 이러한 상황에서 살아남기 위해서는 무언가 특별한 것이 필요하다.

2012년 4월에 개업한 시후쿠 삼각지 본점은 전에 일하던 직장 동료와 동업으로 차린 가게다. 처음에는 2명이 가게를 운영하고 있었는데 바빠지고 사람이 필요해서 아내도 같이 일하게 되었다. 아내는 일본인인데 아내가 홀서빙을 하는 것만으로도 많은 사람이 "사장님이세요?"라고 물어보곤 했다.아내는 "남편 가게인데 지금 도와주고 있어요"라고 말했는데, 사람들한테는 '일본부부가 운영하는 가게'로 인식되어서 의도하지는 않았지만 좋은 차별화가 되었다.

이태원이나, 강남 쪽은 일본 직원이 많지만 삼각지 근처에는 일본인이 있는 가게가 없었기 때문이다. 그렇게 아내도 일하고 일본인 아르바이트생도 구했다. 일본인 아르바이트를 쓴다면 당연히 한국인보다 말이 잘 통하지는 않고, 대부분이 서툴다.

하지만 이 부분이 장점이 될 수도 있다. 서툴지만 힘을 다해 메뉴를 받는 모습에 손님들은 뭔가 응원하는 마음이 생기기도 한다. 또한 한국이지만 일본인이 주문을 받으며 여기저기서 일본어가 들리는 소리에 마치 일본에 온 것 같은 착각을 불러일으키는 좋은 효과를 거둘 수도 있다. 일본인이 근무하는 일본 가게라는 점을 볼 때 손님 입장에서 전문성이 띄어 보인다. 일본인이 있기에 '한국형 일식'이 아닌 '제대로 된 일식'이라는 인식을 심어주게 된다.

실제로 아내나 일본 아르바이트생한테 많은 도움을 받는다. 예를 들면 아직 내가 먹어보지 못한 일본 음식의 종류나 재료 등에 관해서 물으면 그 대답을 해준다. 또한 일본인 구인·구직 사이트에 모집 광고를 올리는 것도 도와줬다. 일본인 아르바이트를 쓴다면 점심보다 저녁을 추천한다. 그 이유는 점심에는 일본 아르바이트생의 단점이 부각되기 때문이다.

예를 들면, 점심은 보통 회사 식사시간이 평균 한 시간으로 정해져 있어서 손님들의 마음이 급하다. 빨리 먹고 커피 한 잔이라도 마시고 담배 한 대라도 피우면서 한숨을 돌리고 싶은 심정이다. 그런데 주문도 버벅대면서 잘 받지 못하고, 주문까지 잘못 받아서 다른 음식이 나왔을 경우에는 손님 입장에서 답답하고 화가 날 수도 있기 때문이다. 하지만 저녁은 다르다. 술 한 잔 걸치며 점심보다는 여유롭다. 작은 실수로 5분 정도 늦게 나왔다고 해도 애교로 넘어갈 수도 있다.

일본인을 쓰는 데는 이렇게 장단점이 있지만, 일식 가게라면 일본인을 쓰는 것을 추천하며 태국 가게라면 태국 사람을, 이탈리아 가게라면 이탈리아 사람을 쓰는 것이 차별화와 무기가 될 수 있다.

일본인 아르바이트를 구하고 싶다면?

일본인 아르바이트는 코네스트(www.konest.com)라는 사이트에서 구인·구직이 가능하다. '코네스트'는 일본인을 대상으로 한국관광명소 등을 소개해주는 사이트인데 구인구직의 역할도 해주고 있어서 일본인 유학생들이 자주 이용하는 사이트다.

한국으로 유학 오는 일본 유학생의 90% 이상은 여자라서 일본 남자 직원을 구하고 싶다면 다소 힘들 수도 있다. 아무래도 일본 여자들이 한국에 유학 오는 이유가 한국 드라마 및 K-POP으로 인한 한류 열풍의 영향이 크기 때문이다.

코네스트 사이트에 구인·구직 공고를 올리는 것은 무료지만 일본어로 적혀있어서 주변에 일본어를 잘하는 사람이 있어야 수월한 등록이 가능하다. 아르바이트비는 한국 최저시급(2017년 현재 6,470원)보다 500원~1,000원 정도 높게 책정해서 올리면 연락은 많이 온다.

일본인이 근무하는 일본 가게라는 점을 볼 때 손님 입장에서 전문성 있어 보인다.

짧은 근무시간을 선호하는 일본 아르바이트생

처음에 신기하다고 느꼈던 것은 한국 아르바이트생과 일본 아르바이트생은 일하는 시간에 대한 생각이 조금 다르다는 것이다. 한국 아르바이트생의 입장은 시급 7천 원으로 2시간, 3시간 정도의 아르바이트 자리가 있다면 꺼리는 경우가 많다. 2~3시간 일해 봐야 고작 만 원, 이만 원 안팎이니 왔다 갔다 하는 시간과 교통비가 더 아깝다는 것이다. 한국 아르바이트생은 적어도 4시간~6시간을, 길면 풀타임으로 10시간~12시간까지도 한다.

하지만 일본 유학생은 짧게 일하는 것을 좋아한다. 예전에 내가 직원으로 있었던 가게는 거의 일본인으로 구성돼 있었는데, 2시간 혹은 3시간 심지어 1시간만 일하고 싶다는 아르바이트생도 있었다. 이렇게 아르바이트생들이 짧게만 선호해서, 스케줄 짤 때 한국인으로 하면 3명만 있으면 되는 것을, 일본 유학생 11명을 아르바이트를 썼던 것이 기억난다. 아무래도 돈 버는 것만이 목적이 아니기 때문이다.

일본 유학생들이 한국에서 아르바이트하는 첫 번째 이유는 한국의 문화를 '체험'하고자 하는 것이 가장 크다. 학교에서 배우는 '형식적인 문화 교육'이 아닌 살아있는 '진짜 문화'를 느껴보고 싶은 마음에 아르바이트를 하는 것이다.

두 번째로는 '한국어'를 배우기 위해서다. 이것도 마찬가지로 학교에서 배우는 이론적인 것 외에 실생활에 사용하는 언어를 배워보고 싶어서

이다. 한국에 유학 온 학생으로서 한국 친구들과 만나서 놀고도 싶고 한국 여행도 다녀 보고 싶을 것이다. 그러니 아르바이트에 하루를 전념하는 것이 아니라 간단한 '체험' 수준으로 끝내고 싶은 마음이다.

한국에 온 모든 유학생이 이렇다고 볼 수는 없지만 그래도 일본 아르바이트생의 모집을 받고 싶다면 풀타임이 아닌 짧은 근무시간으로 모집하는 것을 추천한다.

불황인데 소주를 팔지 말라고?
소주 없이 일본 사케로 매출을 올리려면?

시후쿠에는 사케는 있지만 소주는 없다.

가게를 운영하면서 손님들에게 '소주가 왜 없어요?', '소주 좀 파세요'라는 소리를 많이 들었다.

그럼에도 불구하고 왜 시후쿠에서는 소주를 팔지 않을까?

우선 내가 소주를 판매하지 않는 이유는 가게를 차리기 전에 소주를 판매하던 이자카야에서 일을 해보았기 때문이다. 그때 당시 2010년이었는데 아직 '국민건강 증진법'으로 인한 '실내 금연'이 이루어지기 전이었다.

가게에 오시는 매너 좋은 분들도 소주를 마시니 목소리가 커지고 담배 피우고 바닥에 침을 뱉는 것이었다. 술에 취해 담배꽁초도 반찬 그릇에 비벼 끄고, 소리 지르고 그야말로 가관이었다. 직원들한테는 반말하고 욕하고, 심지어 어떤 손님은 바지를 입은 채로 오줌까지 싸서 의자가 축축해지는 경우도 있었다.

왜? 이유가 뭘까? 술을 마시면 다 그런 건가? 술집을 하지 말고 밥집을 해야 하나?라는 생각까지 했다. 그런데 신기한 건 소주를 찾는 손님은 소리 지르고, 침 뱉고 난리 치는 와중에 사케를 마시는 손님은 그러지 않는다.

우연인가? 그럴 수가 있나? 왜 그럴까? 생각하다가 그 이유를 알게 되었다.

이유는 간단했다. 알코올의 함유량이었다. 20도 남짓 하는 소주와는 달리 사케는 대부분이 13도 남짓한다.

위와 같은 결과는 소주는 싸니까 계속 마시고 더불어 도수까지 높지만, 비싼 사케는 소주만큼은 많이 먹진 못하고 도수까지 낮으니 먹는 양과 도수의 함유량을 생각해볼 때 당연한 결과였다.

또 이런 경험도 했다. 전에 일하던 가게에서 남녀 커플 손님이 들어와서는 소주 한 병과 라멘 한 그릇을 주문한 뒤, 나중에 추가 주문을했다.

"여기 소주 한 병 더 주시고, 국물 좀 리필해주세요!"

"죄송합니다. 저희 가게가 라멘 국물 추가가 안 돼서요…."

"아! 그냥 해주면 안 되나? 사장님 어디 있어요? 사장님이세요?"

"아뇨, 저는 사장은 아니고 주방 실장입니다."

"아! 실장이면 국물 서비스 정도는 해줄 수 있겠네! 한번 해주면 안 되나? 못 해줄 것 같으면 사장 좀 불러와 줘요. 내가 말해볼게!"

결국 국물을 리필해줬다. 그렇게 소주 두 병에 6천 원짜리 라멘 한 그릇으로 몇 시간 째 테이블을 차지하며 앉아 있었다.

가게 입장에서는 테이블 회전이 안 되면 매상이라도 올려줘야 하는 게 맞는데 그것도 아닌 셈이었다. 그런 손님을 볼 때마다 손님이 미워 보이기 시작했다. 그런데 문뜩 '어? 이러면 안 되는데… 서비스업을 하면서 손님을 미워하면 안 되는데…'라는 생각이 들었다.

그런 생각을 가지고 다른 날 일을 하는데 이번에는 다른 커플 손님이 들어왔다. 메뉴판을 보더니 남자분이 가격이 좀 나가는 '준마이 다이긴죠' 사케를 주문했다. 옆에서 지켜보던 여자분이 '너무 비싼 거 시킨 거 아니야? 안주는 싼 거 시킬까?'라는 것이었다. 그러자 남자분이 '야! 이건 오빠가 살 테니까 돈 걱정하지 말고 그냥 먹고 싶은 것 시켜!'라고 했다.

만약 남자가 '야! 술은 비싼 것 시켰으니까. 안주는 가장 싼 거 시켜!'라고 한다면 어떻겠는가? 보통은 술도 좋은 거 먹는데 안주도 가격 생각하지 말고 먹고 싶은 것 먹자는 손님이 많다. 반대로 소주를 시키면 결국 안주도 싼 것을 찾는 경우가 많다. 물론 가격과 상관없이 소주 그 자체를 좋아하는 손님이 있다. 비싼 다금바리 회를 소주랑 먹는 사람도 있으니 말이다. 하지만 일반적으로 분위기를 내려고 소주를 시키진 않는다.
분위기를 내려면 사케나 와인이나 위스키 등 고급스러운 술을 시킨다. 그런데 안주만 싼 거를 시키겠는가? 그렇지는 않다는 것이다.

소주가 없는 대신 사케는 싸게!

그렇다고 '안주가 싸니 사케로 많이 남기자!'라는 것은 아니다. 시후쿠는 안주도 사케도 모두 저렴하다. 사케는 같은 술을 앞 가게보다 1병당 1만 원가량 저렴하게 판매하고 있으며, 강남 상권에 비교하면 1병당 1만5천 원 정도 저렴하게 판매하고 있다.
소주를 안파는 대신 사케를 저렴하게 판매하는 것이다. 사케를 잘 안 드시는 분은 사케 가격을 보고 비싸다고 하시지만 사케를 아시는 분은 '야! 여긴 사케도 싸네'라고 말한다. 물론 소주가 없어서 나가는 손님도 있다. 하지만 그러한 손님보다 소주가 없으니 사케를 주문하는 손님이 더 많다. 우리 가게가 포장마차가 아니라 일본식 선술집이라는 특수성이 있다. "이자카야에 왔는데 소주 말고 사케 먹어야지!"라고 말이다. 이렇게 소주를 팔지 않으니 앞서 말한 '진상 손님'이 자연스럽게 필터링된다.

실제로 시후쿠에 오는 손님들은 정말 다들 매너가 좋다. 손님들의 매너가 좋으면 직원들도 기분이 좋다. 일하는 사람이 기분이 좋으면 더 좋은 서비스도 접객할 수 있다. 즉, 이런 부분도 매출과 연관이 된다.
또한 소주를 팔지 않음으로 인해 가족 고객 확보에 도움이 많이 되는 것을 느꼈다. 아무래도 여기저기서 소리 지르고 술 마시는 술집에 아이를 데려오기 싫은 것이 부모 마음이어서인 것 같다. 시후쿠가 일본식 선술집인데도 식사를 함께 판매하는 것 또한 가족 고객 확보에 영향을 끼쳤다. 소주를 좋아하는 사람들이 이 글을 읽으면 기분이 많이 상할 수도 있다. 그 부분에 대해서는 죄송하게 생각한다. 내가 일해 본 경험상 이렇다는 것이며, 수월한 가게 운영을 하기 위해서이니 오해가 없었으면 한다.

요약해서 말하자면 소주 대신 사케만을 판매함으로 가게의 득이 되는 점이 있다.

① 시끄러운 손님이 줄어든다. 즉, 매너가 좋으신 분들이 점점 많아진다.

② 직원들이 기분 좋게 고객님께 접객할 수 있다.

③ 가족 고객 확보에 도움이 된다.

④ 매출이 향상된다.

일본 장기 불황에 승승장구하는 '이자카야 토리키조쿠'의 비결은

얼마 전 뉴스 기사에서 '한국도 일본의 잃어버린 20년을 도래할지 모른다'라는 경고의 기사가 나왔다. 그 경고를 IMF(국제통화기금)에서 했다는 점에서 세간이 주목했다.

지금 한국이 겪고 있는 불황이 잠시 겪고 지나가는 것이 아니라, 일본처럼 장기적인 경기 침체의 조짐이 보인다는 말이다. 먼저 장기 불황 속을 겪은 일본에서 성공한 사례를 살펴보고자 한다. 그러면 장기불황 속에 풀어낼 숙제를 해결하는 데 있어서 많은 도움을 받을 수 있다.

일본의 이자카야에서 독보적인 위치에 있던 '와타미'도 근래 2~3년간 180개 이상의 점포를 닫으면서 2016년 9월 기준 점포 수는 484개까지 줄었다. 이 같은 시점에서 일본의 이카자야 '토리키조쿠'는 계속적인 성장으로 600개의 점포를 달성하며 와타미를 넘어섰다. 토리키조쿠의 매출은 5년간 3배 영업이익은 10배 이상으로 늘어났다. 와타미와 주점 매출 랭킹을 역전시킨 배경에는 사장 오오쿠라의 전략이 있었다.

오사카의 본점을 둔 '토리키조쿠'는 2005년에 도쿄에 입점하게 되었다. 그런데 도쿄 지리에 대해 전혀 무지한 오오쿠라 사장은 당시 급격하게 성장하는 와타미를 주목하여, '와타미' 근처에 가게를 내고 '와타미'가 만석이 되고 못 들어가는 손님을 자신의 가게로 끌어오는 전략을 세웠다.

이러면 입지 선정이나 마케팅 조사 등에 시간과 비용을 낼 필요가 없다. 이렇게 여분의 돈을 드리지 않는 것은 오사카 상인의 철학이다. 그리고 그의 예상은 적중했다.

'와타미'의 주 고객층은 20~30대의 젊은 남녀가 많았는데, '토리키조쿠' 역시 같은 주 고객층을 이루고 있어서 많은 손님을 끌어올 수 있었다. 도쿄 진출 후 오오쿠라 사장에게 큰 도움 된 것은 2009년 9월에 빚어진 리먼 쇼크 후의 경기 악화였다. 2009년에는 술집의 시장규모가 30%까지 축소되었다. 와타미의 객단가는 3,000엔~3,500엔이었는데 불황이 이어지면서 소비자는 지출에 신경을 쓰기 시작했다.

토리키조쿠는 전 메뉴 280엔 균일가의 꼬치구이 전문점인데, 저가 전략이 큰 성과를 내었다. 사실 저가의 균일가 전략을 사용하는 이자카야는 이전부터 일본에 많이 있었다. 하지만 그러한 많은 가게가 결국 문을 닫게 되었다. 그러면 승승장구하는 토리키조쿠와 무엇이 달랐을까?

식재료의 품질 차이였다. 토리키조쿠는 식자재의 단가를 최대한 줄여 고품질의 음식을 저렴한 가격으로 고객에게 제공하는 데 힘썼다. 하지만 다른 곳들은 싼 만큼 싼 재료로 퀄리티가 낮은 음식을 제공했기 때문에 손님의

발길이 끊긴 것이다.

또한 여타 다른 대기업이 대형 이자카야를 만들 때, 토리키조쿠는 소형 점포를 전개했다. 불황이 이어지면서 대형 이자카야는 월세, 인건비, 관리비 등 각종 지출에 큰 부담을 떠안으면서 갈 수밖에 없는 상황이었다. 반대로 소형 이자카야는 그러한 부분에 부담을 덜 수 있었다는 것이 불황 속에 생존할 수 있는 전략 중의 하나였다.

토리키조쿠의 성공 전략을 정리해보면 이렇다.

① 소형 점포를 전개.

② 식자재의 단가를 최대한 줄여 고품질의 음식을 저렴한 가격으로 제공.

③ 장사가 잘되는 가게 옆에 차림으로 고객을 끌어옴.

이 부분을 우리에게 적용해보도록 하자. 우선 불황 속에 대형 점포가 아닌 소형 점포를 차리자.

두 번째로 식자재의 단가를 줄이는 방법을 계속해서 고안해야 한다. 유통업체를 많이 알아보고 이미 거래처가 있더라도 더 저렴하게 받을 수 있는 곳이 있는지 지속해서 알아봐야 한다. 또한 대량으로 받아서 저렴해지는 물건은 없는지 알아보고, 만약 있다면 대량으로 받는 방법도 생각해보아야 한다.

세 번째로 장사가 잘되는 가게 옆에 차리는 것은 잘 생각해보고 해야 한다. 장사가 잘되는 가게의 업종이 다르다면 그것도 전략일 수 있다.

예를 들어 장사가 잘되는 가게는 고깃집이고 우리 가게는 이자카야라고 해보자. 고깃집에 줄이 너무 긴 경우 '너무 오래 기다려야겠다. 고기는 다음에 먹고 그냥 다른 것 먹자'고 우리 가게에 들어올 수 있다.

실제로 우리 가게 '시후쿠 삼각지 본점'의 옆 가게는 '구공탄'이라는 고깃집인데 항상 줄을 서는 곳이다. 이곳 역시 줄이 너무 길어지면 '시후쿠'로 넘어오는 경우도 있고, 고기를 먹고 2차로 술을 드시러 오는 손님도 많다. 이처럼 옆 가게가 잘 되므로 우리 가게가 득이 되는 점도 있다.

하지만 업종이 같은 경우는 장사가 잘되는 가게와 비교했을 때 맛, 분위기, 친절함 등이 비슷하거나 우리 가게가 더 좋아야 한다는 것이다. 그렇지 않다면 오히려 저쪽의 장사 잘되는 가게에 메리트를 느껴서 손님을 빼앗길 수도 있기 때문이다.

토리키조쿠는 와타미에 비해 가격 면이 파격적으로 저렴했으며 음식의 품질 또한 좋았기 때문에 손님이 넘어왔다고 생각한다. 결국 장사가 잘되는 가게이기는 하나, 내가 이길 것 같은 가게를 찾아보자. 즉, 장사가 잘되는 가게가 주변에 경쟁사가 없이 잘되는 경우라면 승산이 있다는 말이다.

2장

불황속 가게?
시작은 작은 가게

어떤 가게에서 일 해봐야 좋을까?

"요리를 배워서 창업하고 싶은데…… 큰 가게에서 배우는 것이 나은가요? 작은 가게에서 배우는 것이 나은가요?"

이렇게 묻는 사람들이 종종 있다. 그리고 이러한 질문도 한다.

"아무래도 음식은 고급 가게에서 제대로 배우는 것이 낫겠죠? 어떻게 생각하시나요?"

이 질문에 내 대답은 '큰 가게가 낫습니다' 혹은 '작은 가게가 낫습니다'가 아니었다. 바로 "어떤 가게를 차리고 싶으세요?"였다. 어떤 가게가 나을지가 아니라 본인이 어떤 가게를 차릴지에 초점을 맞춰야 한다.

가게를 차리기에 앞서 본인이 차리고 싶은 가게가 무엇인지 생각해 보아야 한다. 그리고 본인이 차리고자 하는 가게와 비슷한 가게에서 일해볼 것을 추천한다. 비슷하다는 것은 메뉴, 가격, 인테리어, 가게 규모, 콘셉트 등을 말한다.

예를 들어 본인이 차리고 싶은 가게는 일식 메뉴에 저렴한 가격을 책정해서 규모는 14평 정도, 손님과 소통이 많은 가게를 차릴 생각이면 그와 비슷한 가게에서 일을 해보는 것을 말한다. '내가 생각하는 가게가 있나?'라고 생각할지 모르겠지만, 이미 다 있다. 특이한 콘셉트의 가게를 생각하고 있더라도 규모나, 가격 등이 비슷한 가게에서 일 해보면 된다. 14평짜리 가게에서 하는 식재료의 준비 방법, 보관 방법, 요리 방법 등과 100평짜리 가게에서 하는 방법은 확연히 다르다. 또한 1인분에 5천 원짜리 가게에서 하는 메뉴를 만드는 방법과 1인분에 10만 원하는 가게에서 하는 메뉴를 만드는 방법은 확연히 다르다.

저렴한 가게는 회전율이 생명이기 때문에 1분이라도 음식을 빨리 내려고 시간을 단축할 수 있는 방법으로 요리를 한다. 하지만 고급 집은 빠른 시간보다 손님이 지급한 가격이 있으므로 좀 더 시간을 들여서 퀄리티가 높은 요리를 내게 된다.

나 역시 처음 음식을 배울 때 고급 음식점에서 요리를 배웠다. 1인분에 9만 원 코스와 12만 원 코스로 구성되어있는 가게였는데, 거기서 많은 것을 배울 수 있었다. 그런데 이렇게 고급 음식점에서 배운 메뉴를 지금 내가 운영하는 시후쿠에 얼마나 적용했나를 생각해봤다. 그랬더니 적용한 메뉴보다 적용하지 못한 메뉴가 너무 많다는 것을 느꼈다. 고급 집은 한 개의 음식을 위해서 복잡한 제조과정과 상당한 시간이 소요된다.

그만큼 인건비가 들어가기 때문에 비싼 가격으로 책정할 수밖에 없다. 물론 배운 것을 바탕으로 복잡한 제조과정을 단순한 제조과정으로 바꾸는 것 또한 능력이고 요리사로서 풀어야 할 숙제이다. 하지만 시간적인 면이나 메뉴의 선정 등의 효율성을 따져보면 본인이 차리고자 하는 가게와 비슷한 가게에서 일하는 것을 추천한다.

지금 이 책을 보고 계신 분 중에 '이런… 나는 내가 차릴 가게랑 전혀 다른 콘셉트의 가게에 다니고 있었는데…'라고 생각하더라도 헛고생은 아니다. 어떠한 가게든 그 안에서는 많은 것을 배울 수 있기 때문이다.

어떤 가게를 차려야 하지?

위에서 내용은 본인이 차리고 싶어하는 가게랑 비슷한 가게에 들어가는 것이었다. 그런데 이렇게 답변하는 사람들도 있었다.

"저는 어떤 가게를 차리고 싶은지, 또 어떤 가게를 차려야 하는지 잘 모르겠어요."

이렇게 본인이 차리고 싶은 가게가 무엇인지 잘 모르겠다 싶을 때는 본인이 무엇을 좋아하는지를 생각해보면 답이 좀 더 쉬워진다. 예를 들면 '난 일본 라멘을 좋아해' 라든지 '난 일본식 꼬치가 좋더라' 등의 본인이 좋아하는 것을 말한다. 쉽게 말해서 일본 라멘을 좋아하면 일본 라멘집을 차리고, 일본식 꼬치구이가 좋다면 일본식 꼬치집을 차려야 한다. 이것은 정말 중요한 사항이다. 본인이 좋아해야 그것을 연구하게 되고, 만들어 보고 또 먹어보고 다시 만들어 보고를 반복해야 좋은 결과가 나오기 때문이다. 반대로 싫어하는 음식은 연구도 하지 않게 되고 먹어보기도 싫고 자꾸 만들어 보기도 싫어지게 된다.

'나는 생선이 정말 싫어'라고 생각하는데 생선구이집을 차리면 안 된다. '이거 너무 당연한 것 아니야? 그런 건 누구나 다 알지'라고 생각하는 사람들도 있을 것이다. 하지만 나도 여태까지 일을 하며 많은 사람을 보아왔다. 그 사람 중에는 정말 중요한 것들을 놓치고 있는 것을 종종 보게 된다. 예를 들면 본인은 '꼬치집'을 차리고 싶다고 하는데 지금 일을 하는 곳은 '라멘집'이라든지, 같은 맥락으로 '치킨집'을 차리고 싶은데 '일식집'에서 일하는 것을 말한다.

이런 사람들은 보통 지금 현재 다니는 곳이 오로지 '돈' 만을 위해서 다니는 경우가 많다. 나중에 치킨집을 차리고 싶은데 일식집이 월급을 더 많이 주기 때문에 일식집에서 일한다는 것이다. 물론 창업을 위해서는 돈이 필요하다. 하지만 돈으로 인해 그보다 더 중요한 것을 놓치고 있지는 않은가를 생각해야 한다.

'기회는 준비된 자에게 찾아온다'라는 말이 있지 않은가? 나는 창업에 있어서 '준비'는 가게를 운영하면서 필요한 '능력'이라고 본다. 즉 능력을 갖춘 사람에게 기회가 온다는 말이다. 그렇기 위해서는 본인이 차리고 싶은 가게와 비슷한 곳에서 일을 해보며 여러 가지 기술들을 터득하고 배워나가는 것이 성공적인 창업 준비의 한걸음이다.

본인이 차리고자 하는 가게를 더욱 구체적으로 생각하라!

본인이 차리고자 하는 가게의 메뉴 및 인테리어 등도 구체적으로 생각해놓는 것이 좋다. 예를 들면 '나는 인테리어는 일본 느낌이 나게 일본식 꼬치집을 차릴 거야'라고 생각하는 것이 구체적이라고 생각할 수도 있다. 물론 '나는 식당을 차릴 거야' 보다 구체적이다. 하지만 더욱 구체적으로 생각해보자.

꼬치 종류는 몇 개로 할지, 닭은 냉동 닭을 쓸지 생닭을 쓸지, 그럼 어떤 유통회사를 쓸지를 알아보자. 지금 당장 가게를 차리는 것처럼 유통회사에 전화해서 얼마에 줄 수 있는지도 협상해보자. 협상이 끝나고 재료 원가의 가격이 나오면 꼬치 하나당 가격을 얼마에 할지, 꼬치 말고 다른 안주는 팔지 말지, 다른 안주도 있다면 어떤 안주를 팔지, 그것 또한 가격은 얼마로 할지도 정해보는 것이다. 또한 메뉴판은 한 장으로 코팅해서 크게 만들지 아니면 책처럼 만들지도 생각해보고 메뉴판 디자인 회사도 인터넷으로 찾아보고 문의도 해본다. 나는 이렇게 생각하고 있는데 디자인 비용과 메뉴판까지 해서 총 가격이 얼마인지 기간은 얼마나 걸리는지 등을 알아본다.

그리고 주방은 다찌(카운터)형식으로 만들지, 테이블 위주로 놓을 건지도 생각해보고 구상해본다. 물론 가게마다 도면이 다르겠지만 통상적으로 직사각형의 가게가 가장 많으니 직사각형이라고 생각하고 주방을 설계해본다. 주방 벽은 타일로 할지, 아니면 스테인리스로 할지 가격은 얼마인지도 알아보고, 주방에 들어가는 주방기구는 어떤 것을 사용할 것이며 배치는 어떻게 해놓을지 등도 그려본다. 그 외에 홀에 놓을 테이블은 어떤 것을 사용할지, 홀에 설치할 전등은 어떤 것을 할지도 황학동이나 을지로에 가서 직접 골라 본다.

또한 포스 회사는 어디로 할지 알아보고 매달 몇 건을 사용해야 무료로 포스를 사용할 수 있는지도 알아보는 것이다. 또한 부동산에 가봐서 나온 매물이 있는지 물어보고, 목공 업자와 같이 가보고 본인이 이렇게 하고 싶은데 가격이 얼마인지도 물어볼 수 있다.

이것 말고도 찾아보면 할 수 있는 것이 무궁무진하다. 이러한 것이 진짜 창업 준비가 아닌가 싶다. 지금 당장 차릴 수 없어도 된다. 돈이 없거나 아직 조금 더 배우고 싶거나 해도 상관없다. 현재 운영 중인 '시후쿠'는 현재 2호점까지 있다. 지금은 홍대에 '하라빼꼬'라는 이름으로 돈부리와 라멘을 판매하는 새로운 브랜드를 만들었다. 3번째 가게를 준비하면서 느끼는 게 있다. 가게를 차리기 전 준비만으로도 많은 공부가 된다는 것이다.

가게 이름이 매출과 연관이 있다. 가게 이름 지을 때 유의점은?

"본인이 나중에 차리고 싶은 가게 이름을 지금부터 생각해 놓는 것이 좋아요!"라고 말하면 이렇게 질문하는 사람들이 종종 있다.

"가게 이름은 그 가게의 음식 종목과 가게 콘셉트 및 인테리어와 어울려야 하는데 나중에 어떤 것을 차릴 줄 알고 이름을 미리 짓나요?"라고 말이다.

물론 '구체적으로 어떤 가게를 차려야겠다'라는 생각을 해놓지 않아서 그렇게 말할 수는 있다. 그러한 만큼 여러 가지 경우의 수를 미리 염두해놓고 다수의 가게 이름을 생각해보자는 것이다.

예를 들면 '라멘 가게를 하면 이런 이름이 좋겠어!' 라든지 '돈까츠 가게를 차리면 이런 이름으로 해야지!'라고 생각을 해두는 것이다. 그렇게 구체적인 가게 이미지를 그릴 수 있다. 본인이 가게를 크게 할 것인지, 작게 할 것인지, 고급스럽게 할 것인지, 저렴하게 할 것인지 등을 생각하게 된다. 그러한 생각 자체가 나중의 가게 창업에 큰 도움이 될 수 있다. 그뿐만 아니라 가게 이름이 정해져야 사업자 등록도 하고 그 외 여러 행정 절차를 밟을 수 있기 때문에 가게 이름은 되도록 빨리 정해 놓는 것이 좋다.

가게 이름을 짓는다는 것은 가게의 전반적인 분위기와 콘셉트를 정하는 것과 일맥상통하는 것이기 때문에 신중해야 한다. 본인의 아들, 딸의 이름을 짓는다는 생각으로 신중히 해야 한다. 그럼 좋은 이름을 짓기 위해서는 어떻게 해야 할까? 모든 것이 그렇듯이 '연습'을 해야 한다.

지금부터 이름 짓는 연습을 많이 해보고 여러 가지 이름을 생각해보자. 이름을 지을 때는 생각나는 대로 대충 짓는 것은 아니고 염두에 두어야 하는 것이 몇 가지 있는데 그 부분에 대해 말하려고 한다.

우선 가게 이름을 들었을 때 무엇을 파는 집인지 알 수 있는 이름이 좋다. 즉 일식집이면 일본 느낌이 나게 일본어로 가게 이름을 한다든지, 이태리 레스토랑이면 이태리어로 한다. 그리고 고객이 기억하기 쉬운 이름이 좋다. 기억하기 쉽다는 것은 부르기 쉽다는 것과 연관되고 가게 이름이 간단명료하다는 것과도 연관지을 수 있다. 그러면 왜? 가게 이름을 기억하기 쉽고, 부르기 쉬운 이름으로 지어야 할까?

예를 들어 보자. '세카이데 이찌방 우마이 도코로(세상에서 가장 맛있는 곳)'라는 가게가 있다고 가정할 때, 우선 너무 길어서 외울 수도 없을뿐더러 약속을 잡을 때도 애매하다. 만약 저렇게 이름을 지었다면 친구들과 약속할 때 "야! 그 세카이데 뭐시기에서 보자"라는 식이 된다. 또한 일본 분위기를 내겠다고 간판에 한자만 적어 놓는 경우나 히라가나(일본어)만 적어놓는 경우도 많은데 이것 또한 좋지 않다.

그 이유는 실제로 우리 가게 앞에 '情'이라는 가게가 있다. 일본식 선술집(이자카야)인데 간판에 아무것도 적혀있지 않고 '情'자 만 적혀있다. 지나가는 손님이 그 가게를 부를 때 '하얀 간판 일식집' 또는 '한자로 된 가게' 로 부르는 것을 몇 번 보았다. 초코파이 情(정)이 너무 유명하기 때문에 "에이. 그 사람들이 바보지 저 한자를 왜 몰라?"라고 생각할 수도 있다. 하지만 손님이 한자를 보고 情(정)자 라는 확신이 안 설 수도 있고, 자주 쓰지 않는 한자는 한글보다 기억이 어려운 것은 확실하다.

만약 한자나 히라가나(일본어)를 간판 이미지로 넣고 싶다면 옆에 작게 한글로 적어주는 것도 괜찮다. 우리 가게 간판도 일본어로 'しふく' 라고 쓰여 있고 옆에 '이자카야 시후쿠'라고 한글로 적혀 있다.

유의해야 할 점은 인터넷 검색했을 때 우리 가게가 가장 먼저 나올 수 있는 이름이 좋다. 일본 가게 이름에 많이 쓰이는 이름 중에 '사쿠라, 교토, 오이시' 등을 예를 들면 언뜻 이름만 봐도 일본 가게라는 느낌을 받을

하라빼꼬 홍대 본점의 간판(좌)과 시후쿠 삼각지 본점의 간판(우)

수 있어서 좋은 이름인듯하나, 인터넷 검색창에 저 이름을 치면 우리 가게는 나오지 않는다. 정작 우리 가게는 페이지를 한참 넘겨서야 나온다. '시후쿠'도 네이버에 검색하면 다른 것은 안 나오고 우리 가게만 나온다. 이렇게 일본어로 적어 놓았을 경우 가게 이름의 뜻도 중요하다. '그냥 일본 느낌이 나니 사쿠라로 하지 뭐'가 아닌 가게 이름의 의미를 생각해보고 짓는 게 좋다. 손님 중에 의외로 가게 이름의 뜻을 물어보는 경우가 많다. '시후쿠' 뜻은 '최고의 행복'이다. 고객님께 최고로 행복한 순간을 음식과 서비스로 선사해 드리기 위해서 지은 이름이다. 음식점이면 음식점과 연관되는 뜻을 가진 이름이 더욱 의미 있는 이름이 될 수 있다.

원래는 '시후쿠노 토키'라고 지을 생각이었다. 뜻만 보면 '최고의 행복(시후쿠)'보다 '최고로 행복한 순간(시후쿠노 토키)'이 좋을 것 같아서 고민했지만, 앞서 말했듯이 외우기도 힘들고 부르기도 힘들어서 명료하게 '시후쿠'라고 지었다.

가게 이름을 잘 짓는 비결을 정리하면 이렇다.

① 가게 이름에서 무엇을 파는지 알 수 있는 이름

② 너무 길지 않고 간단명료한 이름

③ 외우기 쉽고 부르기도 쉬운 이름

④ 한자나 일본어로 가게 이름을 지었으면 옆에 한글 표기

⑤ 인터넷 검색 시 우리 가게만 나올 수 있는 이름

⑥ 의미있는 가게 이름

이러한 것들이 모여서 손님들한테 가게를 인지시켜준다. 그리고 이것이 곧 고객 방문과 매출로 연결됨을 알아두어야 한다.

일할 때 이런 것까지 적어놓으라고? 메모가 돈이다

요리하는 대부분의 사람은 자기 가게 창업의 꿈이 있다. 이렇듯 창업의 꿈이 있으면 창업을 하기 위한 창업 준비가 필요하다. 그런데 '창업 준비'라는 것은 창업하기 직전에만 해야 한다고 많이들 생각한다.

내가 말하는 창업 준비는 거창한 것이 아니다. 지금 일을 하는 중에도 할 수 있는 창업 준비다. 본인 가게의 수월한 창업을 위해 할 수 있는 일이 많음에도 불구하고 많이 놓치고 있는 모습들을 많이 본다.

예를 들면 가게에서 일할 때 아무 생각 없이 사용하는 튀김기가 튀김을 할 때 불편함이 없었다면? 그것은 어느 브랜드인지, 어디서 구입할 수 있는지, 주문제작을 한 건지, 기성품인지, 얼마인지를 알아보고 적어보는 것만으로 실질적인 창업 준비의 한걸음이다. 물론 사진까지 찍어두고 정리해서 보관한다면 금상첨화다. 그러나 '그런 건 나중에 가게 차리기 전에 하면 되지'라고들 생각한다. 튀김기 뿐 만 아니라, 면기, 불판, 냉장고, 전자레인지, 제빙기, 믹서기 등 가게의 기물들이 너무나 많다.

경험담을 말하자면, 가게에서는 으깬 재료가 아니라 칼로 다진듯한 재료가 많이 필요한데, 칼로 다지면 시간이 너무 오래 걸려서 믹서기를 샀다. 그래서 인터넷으로 검색해서 좋다는 OO회사 제품의 믹서기도 사보고, 핸드믹서도 써보고, 비싼 돈 주고 푸드프로세서도 사보고 하는 등 믹서기만 5개를 바꿔가며 써봤다. 그중에는 작아서 보관은 편리한데 성능이 좋지 않은 제품도 있었고, 성능은 좋은데 공간을 너무 많이 차지하는 제품도 있었다. 그러한 시행착오 끝에 현재 쓰고 있는 테팔 MQ-718A 제품이 가격도 저렴하고 보관도 편리해서 믹서기를 살 때 이 제품만 사용하고 있다. 가게에서 선택한 주방 기물을 직원이 메모해 두면 본인에게 도움이 된다는 점을 말하고 싶다. 주방 기물 메모에 관련 말을 하다 보니 어느 날 직원이 나한테 이렇게 한 말이 떠오른다.

"사장님, 지금 저희 가게에서 쓰는 이 제품보다 전에 가게에서 쓰던 게 더 좋은 것 같아요" 이런 말을 들은 나는 "아? 정말? 어디 회사 제품이었어? 어디서 팔아?"라고 물었다. 그런데 이런 질문에 "글쎄요… 그것까진… 아무튼 찾아보면 나올 거예요"라는 답변을 들었다.

이런 대답이 나오는 이유는 뭘까? 그러한 메모가 큰 재산이고 꿀팁인데 대수롭지 않게 생각하고 넘어가기 때문이다. '나중에 전 가게 사람들한테 물어보면 되지'라고 생각할 수도 있다. 하지만 그렇게 나중만 따지다가는 성공적인 창업도 머나먼 '나중 이야기'가 되지 않을까? 나중이 아니라 지금이 중요하다. 그리고 시간이 많이 흐른 뒤에 전 가게에 전화해서 물어봐도 지금 그것을 안 쓰고 있어서 옛날에 뭐 썼는지 기억이 안 난다는 대답이 돌아오는 경우도 많다.

주방 기물에만 예를 들었는데, 소스에도 적용할 수 있다. 요즘은 일본에서 수입되는 기성품 소스가 워낙 퀄리티가 높아서 기성품의 소스만 잘 활용하기만 해도 맛있다는 소리도 들을 수 있다. 게다가 기성품을 활용만 잘한다면 시간도 줄이며 효율성을 극대화할 수 있다. 그런데 이것 또한 마찬가지로 모두 적어놓아야 한다.

직원한테 이런 말을 했다. "우리 가게도 기성품 소스를 몇 개 쓰잖아? 그런데 이런 소스의 이름은 무엇인지? 제조원은 어디인지? 수입판매원은 어디인지? 등을 다 적어 놓는 것이 좋아! 나중에 그게 다 돈이 돼. 다른 가게 갔을 때도 마찬가지야"라고 했다. 그랬더니 직원이 나한테 "OO소스는 △△회사 것을 쓰는데 이유가 있나요? 다른 회사 제품도 써보셨나요?"라는 것이다. 그래서 나는 "현재 OO소스 중에 다른 가게에서도 많이 쓰는 소스회사는 아홉 군데 정도 있는데 그중에 7개는 시켜서 써봤어, 그런데 지금 쓰고 있는 △△회사 OO소스가 가장 좋은 것 같아. 그리고 그 7개 중에 □□회사 제품은 안 쓰는 것이 좋아 너무 별로야"라는 말을 한 적이 있다.

이렇듯 질문 한번 하는 것만으로 꿀팁을 얻을 수 있다. 굳이 본인이 가게를 차리고 시행착오를 겪지 않고도 얻어 갈 수 있다. 반면에 같은 직원의 질문에 사장의 답변이 “다른 회사 것은 안 써봐서 모르겠는데? 그냥 유통회사에서 이거 싸다고 해서 쓰는 거야”라는 답변을 들을 수도 있다. 그렇다면 본인의 가게에서는 다른 제품도 써보고 전 가게보다 더 나은 맛을 내면 된다.

물론 가게 사장들이나 주방장들이 이렇게 세세하게 알려주지 않을 수도 있다. “이상한 것 궁금해하지 말고! 하는 일이나 잘해라!”라는 핀잔도 받을 수도 있다. 그러나 그러한 핀잔을 듣기 무서워서 나중의 큰 재산을 놓치느니 한번 물어나 보라는 말이다. 창업을 꿈꾸는데 그 정도 각오와 열정은 있어야 하지 않을까?

지금 당장 창업을 계획하고 있지 않더라도 나중을 위해 지금 현재 할 수 있는 최대한의 창업 준비를 해두어야 한다.

요리에도 트렌드가 있다. 신메뉴로 고객의 반응보며 안목 키우기!

고객이 오랫동안 우리 가게를 찾아오도록 하기 위해서는 '질리지 않는 가게'를 만들어야 한다. '질리지 않는 가게'라는 것은 '편안한 가게'가 될 수도 있지만, 다른 의미로는 '언제나 새로운 가게'가 될 수도 있다.

가게에 있어 '새로움'은 어떤 부분을 뜻할까? 새로운 메뉴, 새로운 인테리어, 새로운 이벤트 등 여러 가지가 있겠지만 새로운 메뉴에 대해 말하려고 한다.

요즘같이 빠르게 변화하는 현대사회에 있어서 바뀌는 트렌드를 받아들이고 잘만 적용한다면 가게의 강력한 무기가 될 수 있다. 요리에 분명 트렌드라는 것이 있다. 매운 음식이 트렌드일 때가 있고, 치즈가 들어간 음식이 트렌드일 때도 있으며, 한때 화제가 됐던 허니 버터가 들어간 음식이 트렌드일 때도 있다. 트렌드를 그때그때 가게 음식에 접목해서 새로운 메뉴를 넣는 연습이 중요하며 그렇게 해보고 고객의 반응을 살피며, 본인의 안목을 키우는 것 또한 창업의 준비이다.

신메뉴가 가게의 큰 축을 흔들면 안 된다!

신메뉴를 내는 것이 좋다고 해서 막 내기만 하는 것은 좋은게 아니다. 유의해야 할 점이 있는데, 신메뉴가 가게의 큰 축을 흔들면 안 된다. 즉, 신메뉴로 인해 기존의 가게 이미지가 흔들려서는 안 된다는 말이다.

쉬운 예로 삼계탕 전문점인데 신메뉴로 감자탕도 내고 부대찌개도 낸다면 어떻게 될까? 전문점의 이미지가 손상된다. 이 가게가 삼계탕집인지 감자탕집인지 이도 저도 아니게 된다. 만약 삼계탕집에서 신메뉴를 내려면 '삼계탕'이라는 큰 축을 가지고 '전복과 낙지가 들어간 삼계탕'이라든지, '토종닭이 들어간 프리미엄 삼계탕'이라는 식으로 전문점의 이미지를 더욱 부각하며 전문점처럼 보일 수 있는 신메뉴를 내야 한다.

계속해서 나오는 신메뉴로 '질리지 않는 가게'를 만듦과 동시에 손님들로 하여금 죽은 가게가 아닌 '살아있는 가게'라는 이미지를 줘야 한다. 즉, '이 가게는 언제나 노력하는 가게', '발전이 있는 가게'라는 인식을 줌으로 가게 이미지에 플러스가 되도록 해야 한다. 내가 운영하는 '시후쿠' 역시 고객의 재방문을 유도하도록 직원들과 함께 신메뉴를 계속해서 내려고 노력하고 있다. 또한 가게에서 직원들이 신메뉴를 내면 식사메뉴는 판매금액의 10%를, 안주메뉴는 15%를 인센티브로 주고 있다.

이렇게 하면 사장의 입장에서는 신메뉴 개발로 인해 발전하는 가게를 만들 수 있어서 좋고, 손님은 매달 새로운 메뉴를 맛보아서 좋고, 직원 또한 인센티브도 받고 자기발전이 되니 일석삼조이다.

직원일 때가 기회이다! 신메뉴 연습 해보기!

"아… 직원일 때 신메뉴 개발 좀 해볼걸 그랬어…."

주변의 아는 분이 창업 후 사장이 돼서 하는 말이다. 내 주변에서는 창업하는 분들이 많은데 다들 공감한다. 본인이 막상 가게를 차려보니 요리 외에 신경 써야 할 것이 너무 많아서 신메뉴 개발은 뒷전으로 미루게 된다는 것이다. 또한 '직원일 때 해볼걸…'이라는 말이 사장이 되고 시간이 없어서만은 아니다. 신메뉴 개발에 있어서 직원의 입장에서는 주방 실장님 혹은 사장님한테 허락만 받으면 식재료를 시켜서 연구할 수 있다. 사장의 돈으로 식재료를 시켜서 연구한다는 말이랑 일맥상통한다.

하지만 본인이 가게를 차리고 나면, 직원일 때 아무렇지도 않게 시켰던 식재료와 소스가 다 돈으로 느껴진다. 즉, 그 돈이 아깝다는 말이다. 본인이 사장일 경우는 '이렇게 하면 과연 맛있을까? 맛없지는 않을까?' 만 따지다가 '에이… 식재료도 비싼데 그냥 시키지 말자…'라는 결론이 난다. 결국 모든 것이 본인이 지불해야 하는 돈으로 느껴지기 때문에 선뜻 신메뉴 개발도 할 수 없는 경우가 많다. 장사가 잘되면 '지금 이대로 잘되는데 무슨 신메뉴야'라는 생각을 가지고, 장사가 안되면 '아껴도 모자

랄 판인데 무슨 연구야… 장사도 안 되는데 식재료값이라도 아껴야지…' 라며 신메뉴 연구를 포기한다.

또한 신메뉴와 관련하여 이런 이야기도 많이 듣는다. '직원일 때 생각했던 메뉴 좀 손님한테 미리 내보고 반응 좀 볼 걸 그랬어…' 왜 그런 소리를 할까? 본인이 가게를 차리고 사장으로서 신메뉴를 만든다면 직원이었을 때와 다른 점이 몇 가지가 생기게 되는데, 우선 겁이 난다. '내가 만든 신메뉴를 먹고 맛없다고 다음부터 안오면 어쩌지? 전 가게에서 배운 것만 하고 나중에 자리 잡히면 그때 신메뉴를 할까?'라는 생각이 든다. 또한 그런 것을 각오하고 막상 냈는데 반응이 좋지 않은 경우 신메뉴를 내는 데 소심하게 될 수밖에 없다.

하지만 직원의 경우는 자신이 많은 것을 해보고 손님의 반응을 보고 잘나가는 메뉴는 잘 적어놓았다가 나중에 자신의 가게에서 하면 되고, 안 나가는 메뉴는 하지 않으면 된다. 보통 직원으로 일을 다닐 때면 "내가 가게를 차리면 이런 메뉴도 내보고, 이런 인테리어도 해볼 거야! 손님한테는 이렇게 해볼 거야!"라고 말한다. 또한 '내 가게는 좀 더 특별하게 할 거야! 이건 진짜 대박이야!'라고 생각하고 나중에 본인 가게에서 하려고 아이디어를 말 안 하는 직원도 있다.

분명한 건 여러분이 지금 있는 곳에서 무언가를 해보고 시행착오를 몇 차례 겪은 후 얻은 결과를 본인의 가게에서 한다면 더 나은 가게를 만들 수 있다. 그것이 메뉴이든 인테리어든 무엇이든 간에 지금 해보는 것이 중요하다. 보통 가게 사장님한테 '사장님 이런 신메뉴 어떨까요? 손님

달콤 간장 유케동 和風 ユッケ丼

달콤하면서도 짭조롬한 특제 간장소스에 쇠고기, 노른자, 깻잎의 말할수 없는 하모니~ 육회덮밥의 끝판왕!!

.... ₩8.000

이 메뉴를 만들기 위해...
유케동을 몇그릇 먹었는지
모르겠습니다~
고심 끝에 탄생한~
"렌" 셰프의 신메뉴!!

들 반응이 좋지 않을까요? 제가 한번 해보려고 하는데 어떻게 생각하시나요?'라고 물어보면 보통의 경우 '이 직원은 우리 가게를 본인의 가게 같이 생각하고 발전시키려 하는구나…'라고 생각해서 한번 해보라고 할 것이다.

지금 일하고 있는 가게에서 성과를 내지 못한다면 본인이 가게를 차렸을 때도 성과가 나지 않는 경우가 많다. 즉, 신메뉴도 미리 본인의 가게를 차리기 전에 연습해보고 손님한테 팔아보고 그 반응을 보는 것이 중요하다.

신메뉴를 내는 방법? 어떤 음식이 잘 팔릴까?

얼마 전에 직원이 나한테 와서 물었다. "사장님! 신메뉴를 만들려고 하는데 어떤 것이 잘 팔릴까요? 어떻게 연구해야 할까요?"라고 말이다.

우선 가게에서 잘 팔리는 음식은 조건이 있다. 가정집에서 만들지 못하거나 만들 수 있어도 귀찮은 음식이 그 조건이다. 시후쿠에서 직원이 신메뉴로 '훈제 오리 샐러드'를 낸 적이 있다. 샐러드 위에 훈제 오리를 올리고 머스터드 소스를 뿌려 낸 음식이었다. 판매량은 어땠을까? 거의 판매되지 않았다. 이유는 집에서 쉽게 만들어 먹을 수 있는 요리라서이다. 요즘 대형마트만 가도 훈제요리와 머스터드 소스 그리고 샐러드도 다 손질돼서 나온다.

즉, 음식을 시켰는데 집에서도 간단한 만들 수 있는 요리가 나왔다면 손님 입장에서 돈이 아깝다고 생각이 든다. 하지만 집에서 만들 수 있어도 그 과정이 귀찮다면 손님들은 사 먹는다.

쉬운 예로 김밥이다. 김밥은 어느 어머니도 만드실 수 있을 정도로 쉬운 요리다. 하지만 밖에서도 많이 사 먹는 요리다. 그만큼 재료 하나하나 사서 만드는 것이 귀찮다. 신메뉴를 낼 때 그러한 것을 염두에 두고 만들어야 한다.

또한 잘 팔리는 음식은 비주얼(visual)이 좋은 음식이다. 요즘은 음식을 눈으로 먹는다는 말이 있을 정도로 SNS에 올리기 위해서 먹는 경우도 많다. 맛뿐만 아니라 보여지는 부분에 신경을 많이 써야 한다. 음식을 손님께 내었을 때 '우와'라는 감탄사가 나왔다면 성공이다. 그래야 손님이 사진을 찍어서 SNS에 올리며 그것이 가게 홍보로 이어진다.

보통 식재료의 양이 엄청 푸짐하거나, 랍스타, 전복 등 고급 식재료가 많이 사용되었을 때 비주얼이 좋다고 한다. 그런 상품을 개발한 후에 1만3천 원에 팔아야 할 것을 9천 원에 판매하는 것도 한 가지 방법이다. 이런 것을 홍보용 상품이라고 하는데 팔았을 때 남는 것은 별로 없지만 그것으로 인해 가게가 홍보가 되고 손님의 재방문을 유도하는 상품을 말한다.

모든 손님이 그 음식만 시킨다면 문제가 생길 수도 있지만 그렇지는 않기 때문이다. 그래서 홍보용 상품은 메인요리보다 사이드요리를 계발하는 것이 좋다.

비주얼이 좋은 음식의 아이디어가 떠오르지 않는다면 만들고 싶은 메뉴를 SNS로 검색해보면 된다. SNS에는 비주얼 좋고 핫한 음식들이 많이 올라와 있어서 참고해서 만드는 것도 좋은 방법이다.

居酒屋

식사시간에 창업 준비. 식사시간 120% 활용하기!

신메뉴를 개발함에 있어서 직원 식사시간이 신메뉴 개발의 기회이다. 매일같이 먹는 것이 밥이다. 반대로 생각하면 매일같이 신메뉴를 연구할 시간이 있다는 말이다. 그럼에도 불구하고 요리사들은 대충 끼니를 때우는 경우가 많다. 왜 대충 끼니를 때울까?

첫 번째는 밥은 같이 먹어야 하는데 음식 연구로 직원들의 휴식시간을 침범하여 눈치가 보이기 때문이다. 두 번째는 빨리 만들어 먹고 쉬고 싶기도 하고 메뉴를 연구하기 귀찮아서이다. 세 번째는 가게가 너무 바빠서 밥을 제대로 먹을 시간이 없어서이다. 네 번째는 사장이 식재료비를 줄이라고 눈치를 줘서이다. 이러한 이유로 신메뉴 개발을 하지 못하는 경우가 있는데, 나는 이 부분에 대해 반론을 제기하고자 한다.

먼저 첫 번째 이유에 대해서 말해보려고 한다. '시후쿠'는 14시 30분부터 18시까지 브레이크 타임으로 직원들이 식사하고 휴식을 취한다. 식사는 직원들이 돌아가면서 만들고 다 같이 먹는데, 신메뉴 개발한다고 식사시간이 늦어지면 다른 직원들의 휴식 시간을 침범하게 된다.

실제로 직원 중에 신메뉴를 개발한다고 해서 매번 본인의 밥 당번 때마다 신메뉴를 연구했는데 너무 오래 걸리는 것이다. 그래서 다른 직원들한테 "너무 오래 걸리는 거 아니에요? 빨리 만들어 먹고 빨리 쉬죠"라는 불만이 나오기 시작했다. 그런 말을 들은 직원이 나에게 이렇게 말했다. "신메뉴로 인해서 쉬는 시간이 줄어드는 것이 저는 괜찮은데 다른 분들한테 피해를 주는 것 같아요. 그래서 모두에게 미안하고 제 마음도 힘드네요. 이제 신메뉴 개발은 못 할 것 같아요"라고 말이다. 일리 있는 소리이지만 이것 또한 핑계다.

나는 이렇게 말해줬다. "새로운 소스를 만드는 데 시간이 오래 걸리면, 밥 당번이 아닌 전날 쉬는 시간에 소스를 연구해보고, 식재료도 바로 조리할 수 있게 준비해봐. 그러고 다음 날에 빠르게 식사를 내면 어떨 것 같아? 다른 직원들의 휴식시간을 침해하지 않을뿐더러 사람들이 너를 인정할 것 같은데? '쟤는 신메뉴를 내기 위해 저렇게까지 노력하는구나' 라고 생각하는 직원도 있고, '쟤는 매번 그럴싸한 신메뉴를 만드는데 시간도 별로 안 걸리네?'라고 생각하지 않겠어?"라고 말이다.

이러한 것들이 귀찮을 수는 있지만 마음만 먹으면 가능한 부분이고, 본인의 역량을 쌓는 데 도움이 되며 성공으로 향하는 한걸음이다.

두 번째 이유인 '빨리 만들어 먹고 쉬고 싶기도 하고 메뉴를 연구하기 귀찮아서'에 대해서 말해보자. 물론 이해는 간다. 일하는 것도 힘든데 일하고 나서 꿀 같은 휴식시간에 음식 연구를 하라니 말이다.

하지만 성공하는 사람들의 자서전을 보면 하나같이 남들과 다른 부단한 노력을 한다. 본인이 굳이 성공하고 싶지 않다면 할 말이 없다. 남들과 똑같이 쉬고 똑같이 일하면서 큰 성공을 꿈꾼다면 너무 막연한 욕심이 아닌가 싶다. 책에 나오는 성공한 사람들의 피나는 노력까지는 아니어도, 내가 할 수 있는 선에서의 최대한의 노력은 본인의 역량을 키우기 위해서는 필요하지 않나 싶다.

세 번째인 '가게가 너무 바빠서 밥을 제대로 먹을 시간이 없어서'라는 이유는 가게마다 스타일이 다 달라서 '딱! 이렇게 하시면 됩니다'라고 말하기는 힘든 부분이 있다. 나도 여러 가게에서 일해 보았기 때문에 알지만, 밥을 먹는 시간이 따로 정해져 있지도 않고 너무 바빠서 제대로 먹을 시간도 없는 가게들도 많다. 이 부분 또한 연구해서 '빠른 시간 안에 간단하게 만들 수 있으며 맛이 있는 메뉴'를 고안하면 된다. 앉아서 먹을 시간조차 없다면 '간단하게 서서 먹기 편한 메뉴'를 고안해볼 수도 있겠다. 그 음식이 가게에서 팔 수 없는 메뉴여도 괜찮다. 이것저것 궁리하고 연구하다가 보면, 영감을 얻어 새로운 신메뉴가 나올 수 있기 때문이다.

네 번째, '사장이 식재료비를 줄이라고 눈치를 줘서'라고 하는 경우에는 이렇게 하면 좋지 않을까 생각한다. 사장님께 찾아가 재료비는 본인이 낼 테니 재료를 시켜주면 그것으로 자신이 신메뉴를 개발하고 싶다는 것이다. 그것을 직원 식사시간에 같이 먹고 직원들에게 평가를 듣고 싶다고 말이다.

보통 일반적인 생각을 가진 사장의 경우 '이 직원은 요리에 대한 열정이 남다르구나, 식재료비 같은 것도 생각하고 가게 입장도 많이 생각해주는 직원이구나' 같은 생각으로, 그런 직원을 더 좋게 바라볼 것이다.

경영난을 겪고 있거나 엄청난 구두쇠 사장이 아닌 경우는 그렇게 말한 직원에게 보통은 너무 비싼 재료가 아닌 이상 그냥 시켜서 쓰라고 한다. 다 같이 먹는 식사이기도 하고 기특하기도 하기 때문이다.

식사시간에 신메뉴를 만들어 봐서 먹어본 직원들의 반응이 좋으면 손님상에 서비스로 올려 드린 다음 '신메뉴로 낼까 하는 메뉴인데 한번 드셔 보시고 평가만 부탁드립니다'라고 하면 손님들의 반응도 볼 수 있다. 서비스는 손님들이 돈 주고 사 먹는 음식들보다 좀 더 냉정한 평가가 이루어진다. 본인 돈 내고 시킨 음식은 약간 맛이 없으면 돈이 아까워서라도 먹지만 서비스는 공짜라서 맛없으면 맛없는 만큼 남긴다.

이렇듯 직원 식사시간을 이용하는 것만으로도 충분한 신메뉴 개발을 할 수 있다. 그러한 신메뉴 개발 또한 엄연한 창업 준비이다.

신메뉴가 너무 막연하고 힘들게 생각이 된다면 기존에 있는 가게 메뉴를 '어떻게 하면 더욱 맛있어질까?'에 대해서 초점을 맞춰 봐도 좋겠다.

그렇게 기존요리를 연구하며 직원 식사시간에 서로 이야기하는 것만으로 많은 것을 얻을 수 있다. 지금에 안주하며 멈추지 말고 움직이며 발전하는 것이 중요한 포인트다.

밥 한 끼를 먹더라도 생각하면서 먹자!

요즘엔 블로그와 SNS가 발달하여 '맛집'들은 쉽게 검색하여 찾을 수 있다. 그렇게 검색해서 '맛집 탐방'을 하는 보습을 종종 보게 된다.
그런데 주변을 보면 요식업에 임하는 사람들임에도 불구하고 단지 먹는 데만 집중하는 사람들을 많이 보곤 한다. 밥을 먹으러 혹은 술을 마시러 들어간 가게가 맛집이든 아니든 간에 배울 점은 분명히 있는데 말이다.

장사가 잘되는 집은 반드시 이유가 있다. 이유 없이 성공하는 가게는 존재하지 않는다. 그런 '성공을 할 수 있었던 이유'를 '찾아내는 연습'이 중요하다. 그리고 찾아냈다면 그것을 '기록'하고 '적용'하는 것도 중요하다. 우선 '기록'이라는 것은 지금 본인이 느끼고 있는 감정을 글로 적는 것도 포함되지만 사진도 포함된다. 먹어보고 '아! 그 가게 참 괜찮았어' 로 끝난다면 안 된다. 어떤 부분이 괜찮았는지 어떤 인테리어가 괜찮았는지 사진을 찍고 그 느낌을 적어 놓아야 나중에 큰 도움이 된다.
'나중에 내 가게를 할 때에도 이렇게 인테리어 하면 좋을 것 같다'라는 부분이 있다면 사진을 꼭 찍어두고 적어두길 바란다.
설령 배울게 없어 보이는 집이라고 해서 '아. 잘못 들어 왔네. 이 집은 배울게 없겠다. 이렇게 손님이 없어서야…'라는 것이 아니라 '왜 손님이 없을까? 나라면 어떻게 해서 손님을 늘릴 방법을 생각했을까?'를 생각하는 것 자체가 창업 준비이다.
그런 생각을 많이 하다 보면 가게운영에 대해 배울 수 있으며, 본인 가게가 그렇게 손님이 없을 때의 대비책 또한 마련할 수 있다.

내가 이런 말을 하면 '밥 먹는데 밥만 먹지, 머리 아프게 뭘 이렇게 이것저것 생각하면서 먹느냐'고 하는 사람도 있다. 하지만 대가 없는 성공은 없다고 본다. 앞서 말한 '적용'은 내가 지금 일하고 있는 가게에 어떻게 적용시킬 수 있는지를 생각해보는 것을 말한다.

성공한 사람과 그렇지 않은 사람의 차이는 '생각한 것을 실행하느냐?' 아니면 '생각만 하고 끝나느냐'의 차이이다.

좋은 신메뉴와 가게에 적용할 수 있는 아이디어도 생각만 하고 실행하지 않는다면 생각하지 않은 것과 별반 차이가 없다. 밥 한 끼를 먹더라도 많은 연구를 하며 그것을 내 가게에는 어떻게 적용할까를 생각하는 게 중요하다. 이런 부분이 하나하나 모여서 성공적인 창업이 된다.

어? 이 그릇 괜찮은데?

언젠가 가게를 차릴 생각이 있다면, 쉬는 날에 그릇과 주방용품, 테이블 등

을 보러 돌아다녀 보라고 말하고 싶다. 사람들이 그릇을 고르는 것은 창업하기 직전에 하는 것이라고 생각한다. 그러나 가게 그릇과 테이블의 경우에는 가게의 전반적인 이미지를 좌우할 수 있는 중요한 요소다. 창업하기 직전에 돌아다니면 신중히 처리하지 못하는 경우가 많다. 안 그래도 할 것도 많고 정신이 없기 때문이다.

'시간이 없으니까 그냥 이걸로 하자!'라고 정하고 '나중에 별로다 싶으면 바꾸면 되지!'라고 하는 경우도 있지만 결국에 테이블이나 모든 주방식기 등을 바꾸는 것은 쉬운 일이 아니라는 것을 알게 된다. 이미 산 것이 너무 멀쩡해서 바꾸기가 너무 아깝다는 생각이 든다. 한마디로 처음부터 잘 골라야 한다.
서울에서 주방기물과 그릇을 파는 곳은 여러 군데가 있지만 그중에 내가 자주 가는 곳은 남대문과 황학동이다. 우선 남대문은 회현역(남대문 시장역)

에서 내려서 5번 출구로 나와서 오른쪽으로 쭉 가면 오른편에 건물이 있다. 시장이라 간판도 잘 안 보이고 건물이 비슷하게 생겼는데, 길가에 있는 상인들에게 중앙상가 C동이 어디냐고 물어보면 대번 가르쳐준다. 이 건물 3층에 가면 그릇을 판매하는 곳이 모여 있다. 한식, 중식, 양식, 일식의 어느 레스토랑에서 봤을 법한 그릇들이 모두 있다.
주방기구들도 신기한 것들도 많아서 보는 것만으로 아이디어가 떠오르기도 하고 공부가 된다. 그렇게 돌아다니면서 괜찮아 보이는 그릇이 있으면 가격을 물어보고 '내가 가게를 차린다면 이 그릇으로 하겠어'라는 그릇의 리스트 등을 만들면 나중에 창업에 큰 도움이 된다.

황학동은 신당역 6호선 11번 출구로 나와서 걷다보면 주방 기물이 보이는데 거기서부터 우측으로 주방 거리가 있다. 주방기구 가게, 그릇 가게, 테이블 가게, 주방닥트 가게, 유니폼 가게 등이 한 대 모여 있어서 한꺼번에 일처리 하기에 좋은 장소다. 그래서 남대문 보다 황학동을 자주 가는 편이다.
같은 브랜드 같은 물건이어도 가게마다 부르는 가격이 조금씩 달라서 여러 군데 알아보고 사는 것을 추천한다.

또한 중고 그릇 가게도 많이 있다. 육수통, 바트, 포션 그릇 등 스테인리스 제품들은 새것으로 사면 가격이 엄청 비싼데 중고로 발품을 팔면 새것 같은 그릇들을 값싼 가격에 구할 수 있어서 여기저기 발품 파는 것도 창업 자금을 줄이는데 한몫한다. 평소 쉬는 날에 가벼운 마음으로 그릇 및 테이블 등을 보면서 돌아다니면 나중에 좋은 선택을 할 수 있다.

인터넷 부동산 활용?
가게 입지 선정 노하우!

요즘에는 인터넷이 발달해서 우리가 가게를 차리고자 하는 곳의 부동산 시세를 인터넷으로 미리 알 수 있다.

'인터넷 매물은 확실치도 않은데… 그 지역 부동산에 가보면 되지 뭐하러 인터넷으로 알아보나? 직접 발품을 팔아야지!'라고 생각하는 사람도 있다. 하지만 지역별로 모든 부동산을 다 돌아다니지 않더라도 지금 이 자리에서 매물의 시세를 알 수 있다. 지금 본인이 마련할 수 있는 돈으로 가능한 매물의 시세를 알아보고, 부동산에 연락해서 그때부터 발품을 팔면 된다.

나는 네이버 부동산을 이용하는데 사용 방법은 간단하다. '지도로 매물 찾기'를 들어가고 '조건 변경'에 '월세'와 '상가'를 선택 후에 '매물 검색'을 한다. 그러면 지도에 지금 현재 있는 매물의 보증금, 권리금, 월세가 나온다. 권리금 같은 경우는 적어 놓은 경우도 많은데 매물 소개란에 '무권리 상가입니다'라는 말이 없이 그냥 '0만 원'으로 적혀 있다면 '권리금 협의'인 경우가 많다. 우선 가게를 찾아보기 앞서서, 본인이 마련할 수 있는 돈을 바탕으로 기준을 정해야 한다. 내가 정해놓은 기준은 모든 금액을 포함해서 8천만 원 이하로 가게를 차리는 것이다.

세부적으로 보면 보증금 3천만 원 이하, 권리금 2천만 원 이하, 인테리어 비용 3천만 원 이하, 월세 200만 원 전후로 기준을 잡고 있다. 이렇게 금액을 정해 놓은 상태에서 인터넷 부동산으로 지역별 검색 후에 전화해서 확인 후에 가보는 것이다. 그러면 그 매물 말고도 그와 비슷한 가격 선의 매물을 몇 개를 더 보여 준다. 그렇게 인터넷으로 지역별 파악 후 다니면 본인이 가지고 있는 자본금으로 가능한 가게들을 미리 알 수 있고, 빠른 시간 안에 많이 볼 수 있다.

사람마다 다르겠지만 나 같은 경우는 기준보다 높은 금액의 매물을 잘 보지 않는다. 위치나 시설을 따졌을 때 당연히 비싼 곳이 좋을 수밖에 없다. 결국 눈만 높아지게 되고 본인이 가능한 금액 선에서 찾아야 하는데, 비싼 것을 봐버려서 싼 매물은 마음에 차지 않는다.

가게를 차릴 땐 '성에 차지 않지만 돈이 없으니 어쩔 수 없이 했다'가 아니고 '내가 가지고 있는 금액으로 최선의 선택을 했다'가 되어야 한다. 사람마다 다르겠지만 저의 기준을 들으면 서울에서 돈으로 가게를 차릴 수 있느냐? 라고 하실 수도 있겠다.

첫 번째 가게 시후쿠 삼각지 본점은 14평 건물을 보증금 1천만 원 권리금 2천만 원 월세 120만 원 인테리어 및 기타 모든 기물 1천2백만 원으로 차렸다. 테이블은 2인석 3개, 4인석 4개, 6인석 1개로 총 8개가 들어갔다. 그리고 1년 3개월 후 8평을 확장하여 주방을 1개 더 만들고 4인석 테이블을 2개와 2인석 테이블 4개를 더 늘렸다. 지출 비용으로는 보증금 500만 원과 확장공사 비용 1천만 원으로 1천5백만 원의 지출이 있었다.

시후쿠 신용산점 같은 경우는 23평 건물을 보증금 3천만 원 권리금 800만 원 월세 180만 원으로 들어갔다. 인테리어 및 기타 모든 비용해서 3천7백만 원이 들었다. 테이블은 4인석 8개, 2인석 3개가 들어갔다. 아까 인테리어비용의 기준이 3천만 원 이하였는데 지금 보면 700만 원을 오버하게 된 것을 알 수 있다.

총액 8천만 원 중에 보증금이나, 권리금에서 어느 정도 저렴하게 진행되면 그 만큼 인테리어에 조금 투자를 하기 때문이다.

예를 들어 내가 정해 놓은 권리금의 기준이 2천만 원 이하인데 800만 원이었으니, 예상 금액보다 1천2백만 원의 여유가 생긴 것이다. 그 여유 자금으로 인테리어는 그만큼 더 투자한다는 소리다.

시후쿠 신용산점의 외관 인테리어는 본점보다 비용을 더 들여서 일본식 이자카야(선술집) 느낌을 좀 더 내려고 노력했다. 그런데 외관을 그렇게 꾸민 것이 장점도 있었지만 단점도 나타났다. 장점 중 하나는 저녁에도 술과 식사가 같이 된다는 것이다. 그런데 시후쿠 신용산점의 외관 인테리어가 완전 선술집 같이 보이니 식사손님이 들어오지 않는다. 술과 함께 식사도 가능한데 겉에서 보기에 완전한 술집으로 보이므로 이러한 결과가 나타났다.

그래서 밥집으로도 가능하다는 것이 알려지는데도 시간이 꽤 소요됐다. 무조건 예쁘고 멋진 가게가 아닌 가게 특성에 맞는 인테리어도 중요하다는 것을 느끼며 공부도 됐다.

세 번째로 차린 하라빼고 홍대 본점은 15평 건물을 보증금 2천만 원에 무권리에 월세 190만 원에 들어갔다. 인테리어 공사비용은 총 2천3백만 원(목공 공사 1,350만 원, 전기공사 및 조명기구 185만 원, 가스 증설비 120만 원, 타일 시공 40만 원, 보일러 설치비 65만 원, 폐기물 수거비 100만 원, 간판비 45만 원, 인테리어 소품 35만 원 등)이 들었으며, 냉장고, 세척기 등 주방 가전제품이 490만 원, 주방 기구와 그릇 390만 원, 에어컨 310만 원, 홀 테이블 130만 원 등으로 모두 합해서 총 3천6백만 원이 들었다. 테이블은 닷찌(카운터) 3석, 2인석 3개, 4인석 3개가 들어갔다.

서울에서도 현실 가능한 가격으로 들어갈 수 있는 곳이 많다. 그중에서도 운 좋게 좋은 건물을 잘 찾아 들어가면 저렴한 가격으로 가게를 차릴 수 있으니 평소에도 많이 검색해보는 것이 좋다.

3장

불황속 인테리어?
저비용 고효율
인테리어!

전문인테리어로 바꾸기만 해도 많은 비용을 줄일 수 있다

인테리어는 가게를 차릴 때 돈이 가장 많이 들 수도 있고, 아낀다면 한없이 아낄 수도 있다.

우선 소자본으로 창업하는 사람들은 종합인테리어 업체를 부르지 말고 따로 업체를 선정하는 것을 추천한다. 벽지는 벽지업체에서, 목공은 목공업체에서, 전기는 전기업체를 부르는 것을 말한다. 따로 하면 오히려 비쌀 것 같지만 그 반대다.

종합인테리어는 한곳에서 해서 설명도 한 번만 하면 되고 전기, 벽지, 목공 등 먼저 시공해야 하는 순서를 알아서 하기 때문에 편한 만큼 가격이 비싸다. 큰 종합인테리어 회사는 분야별 팀원들이 있어서 전기, 목공, 타일 등의 작업을 모두 그 회사 사람들이 진행한다. 하지만 회사가 큰 만큼 시스템도 구축되어있고 가격 또한 비싸게 책정되는 경우가 많다.

반면에 작은 종합인테리어 회사를 보면 본인의 전공이 수도 설비인데 종합인테리어라고 광고하는 경우도 있다. 그런 경우 의뢰가 들어오면 벽지, 목공, 타일 등을 하청 업체(다른 업체)에 부탁해서 한다. 그렇게 되면 금액은 하청업체에 줘야 하는 금액에 본인이 남기는 돈을 책정해서 우리에게 청구하게 되니 비싸지는 것이다.

예를 들면 목공 업체에 인테리어를 따로 부탁한 경우 500만 원이라고 가정했을 때 종합 인테리어는 목공 업체(하청 업체)에 줄 500만 원에 본인들이 남기는 100만 원 이런 식으로 가져가기 때문에 더 비싸진다. 그렇게 전기, 타일, 벽지 등에서 중간 수수료를 떼다 보면 전문 업자를 따로 불렀을 때와 몇 백만 원까지도 차이가 나게 된다.

1호점의 경우 처음 오픈 인테리어를 정할 때 여러 업체에 물어봤는데, 종합인테리어와 전문 업체의 가격 차이가 많이 나서 놀랐다. 종합인테리어 업자에게 가게를 보여주고 말했다. 생각하는 이미지와 비슷한 사진을 보여주며 "사장님, 외관은 이 사진처럼 이런 느낌의 나무로 꾸미고 어닝(비를 맞지 않게 하는 처마)도 이렇게 달고, 가게 안에는 이렇게 나무 선반을 달려고 하는데 견적이 얼마 정도 나올까요?"라고 물으니, "음… 나무가 많이 들어가겠는데요? 잠시만요…"하고는 컴퓨터로 뭔가 찾아보고 말했다.

"정확한 건 아니에요. 대략적으로 사장님이 원하는 느낌대로 인테리어 했을 때 자재비, 인건비 다 해서 960만 원 정도 나오겠네요"라는 것이었다. "생각 했던 것보다 엄청 비싸네요, 그러면 아까 사진으로 보여드린 나무 말고, 조금 저렴한 나무로 하면 얼마나 나올까요?"라고 했다. 또 컴퓨터를 하고는 "가장 싸게 해도 700만 원 정도예요. 이게 나무로 인테리어 하면 자재비가 비싸서, 다른 곳에 문의해도 똑같아요"라는 것이었다.

이미 운영 중인 가게이고, 14평의 작은 가게라서 모든 인테리어 및 기물을 다 사는 데 1천만 원 정도 생각하고 있었는데 외관 작업만 700만 원이라고 하니 답이 안 나왔다.

자본금이 많지 않은 상황이어서 이곳저곳 알아보는 도중 전기 공사를 해주셨던 분한테도 물어봤다.

"혹시 아시는 분 중에 목공 인테리어 싸게 해주시는 분 있나요?"

"어디를 어떻게 하려고 하는데요?"

"그럼 내가 해줄게요! 내가 목공도 할 수 있어요"

"그럼 가격은 얼마에 가능한가요?"

"160만 원에 해줄 수 있을 것 같은데요?"

그리고 간판집에서 돌출형 글자 간판을 30만 원에 하고, 어닝 업체에서는 어닝을 50만 원에 가능하다는 이야기를 들었다. 그리하여 700만 원에 할 것을 240만 원에 해결했다.

恵比寿
焼肉チャンピオン

이렇듯 돈이 많아서 모든 것을 편하게 맡겨놓고 하는 스타일이면 모르지만, 소자본으로 창업하시는 분들은 발품을 팔고 알아보면 큰 비용을 줄일 수 있다.

인테리어 업자와 콘셉트를 정할 땐 말보다 사진

인테리어 업자와 시공 전에 콘셉트를 잡았더라도 인테리어 공사가 들어가면서 보이는 결과물은 사전에 인테리어 업자에게 설명했던 나의 설명과 많이 다르게 진행되는 부분이 많다.

그 이유는 첫 번째로 내 설명과 다르게 이해해서 공사하는 경우와 두 번째는 설명을 이해했지만, 인테리어 업자의 실력이 부족하여 안 되는 경우와 세 번째는 설명도 이해했고 실력도 있지만 원하는 금액으로 그 인테리어가 불가능한 경우다. 인테리어 시공 전에 내가 원하는 느낌을 말로 설명하기보다 사진으로 보여 줘야 이해가 빠르며 정확하다. 그리고 내가 가지고 있는 금액으로 사진같이 가능한지 물어봐야 한다.

또한 인테리어 업자한테 이전에 했던 시공 사진을 보여 달라고 해서 괜찮은 부분만 동일하게 진행시켜도 되고 가게에 맞게 살짝 바꿔서 진행시켜도 된다. 인테리어 업자가 보여준 사진은 한번 해본 것이기 때문에 업자도 수월하게 작업할 수 있고 그만큼 검증이 끝난 부분이라 믿고 맡길 수 있다.

더욱 좋은 것은 인테리어 업자한테 시공한 곳의 위치를 물어봐서 직접 가보는 것이 좋다. 사진과는 또 다른 느낌이 날 수도 있기 때문이다. 더 나아가서 그 가게의 사장을 만나서 본인 이야기를 한 뒤 업자에게 인테리어 하는 데 문제점은 없었는지 물어보면 더 좋다.

인테리어 업자와 동참해서 같이 하자

아는 분 중에 라멘 집을 운영하는 분이 계시는데, 2호점을 개업한다고 해서 연락을 드렸더니 인테리어 업자와의 상황을 들을 수 있었다.

"형님 인테리어 잘 돼가세요?"

"아니! 안 그래도 지금 인테리어 업자하고 싸우고 오는 길이야."

"왜요? 인테리어 업자랑 무슨 일 있었어요?"

"내가 인테리어 설명드린 대로 다하고 그렇게 해줄 수 있어요?라고 말했어. 그랬더니 잘 이해했고 설명한 대로 해줄 수 있으니 걱정하지 말라고 하길래 믿고 갔는데…."

"네. 그런데 잘 안됐나요?"

"그러니까! 나는 업자 믿고 볼일 보러 나왔다가 다시 가게 가봤는데… 완전 내 설명하고 다르게 해놓았더라고!"

"그래서 어떻게 하셨어요? 이미 인테리어 공사를 한 거예요?"

"어! 선반이랑 창문이랑 다 이상하게 달아 놓아서 다 때고 다시 아까 말한 대로 다시 해야 한다고 했어! 그런데 이미 공사 끝나서 뜯기 힘들겠다는 거야. 시간도 걸리고 이거 뜯고 다시 제작해야 하는데 그럼 뜯은 건 어떻게 하냐고 버리냐고 그러는 거야?"

"그래서 어떻게 해결했어요?"

"인테리어 업자한테 내가 아까 설명한 거랑 전혀 다르지 않냐? 뜯은 걸 버리건 말건 그런 건 잘 모르겠고, 우선 내가 말한 대로 다 뜯어서 해달라고 했지! 그렇게 실랑이 벌이다가 지금 다 뜯고 다시 공사하고 있어! 이거 옆에서 계속 지켜봐야겠어!"

이렇듯 업자에게 맡겨놓고 다른 곳에서 일 보러 갔다가 다시 왔는데 전혀 다르게 공사가 진행 되는 경우가 종종 있어서 인테리어 공사할 때 옆에서 상주하며 내 생각대로 잘 진행되는지 확인해봐야 한다. 물론 인테리어 업자 스타일에 따라 옆에 있는 것을 부담스러워하는 업자도 있고, 반대로 업자가 시공하는 스타일이 저희가 원하는 스타일이 맞는지 물어볼 수 있으니 옆에 있는 것이 더 낫다고 하는 업자도 있다.

하지만 결과적으로 업자가 부담스러운 것을 생각하기보다 좋은 결과물을 얻기 위해서는 옆에서 상주해야 한다. 인테리어는 한번 하고 나면 쉽게 바꾸기 힘드니 처음 할 때 잘하는 것이 중요하다.

한 번은 인테리어 업자한테 여기에 수도 넣고 여기에 불판 넣을 거라는 식의 대략적인 설명을 했다. 그리고 나중에 세세하게 설명해야지 하고 있었는데, 환풍구가 나갈 구멍은 후앙 닥트에 맞춰서 뚫어야 하는데 그냥 대충 뚫어 버린 것이다.

"어? 사장님 이거 여기 뚫으시면 안 되는데? 이거 조금 더 옆쪽에 불판 놓을 건데 물어보지도 않고 뚫으시면 어떡해요."

"아까 여기쯤 불판 놓는다고 하지 않았어요?"

또 한 번은 전기 시공업자분이 왔는데 벽지 시공을 다 한 후에 전기 콘센트 작업 들어가야 돼서 기다리고 계셨다. 벽지가 끝난 후에 콘센트 작업을 맡기면서 '벽지 깔끔하게 잘됐다'하고 보고 있었는데 전기 시공하는 사람이 벽을 더듬더듬하더니 벽 한가운데 위쪽에 벽지를 퍽! 하고 구멍을 냈다.

그래서 나는 '뭐지? 이 사람?' 하고 "사장님! 거기 구멍 내면 어떡해요!"라고 하니 "아니. 아까 벽지 작업할 때 보고 있었는데 이쪽에도 콘센트 전선이 있어서 콘센트 설치하려고, 내가 아까 위치 잘 봐뒀어요. 어? 이거 뚫으면 안 되는 거였어요?"라는 것이다. 기존 가게 콘센트 위치가 생뚱맞게 되어 있어서 벽지 작업해서 깔끔하게 가리려고 했는데 저걸 또 구멍을 내면 어떡하나? 싶었다. "네… 안 되는 거였죠… 그런데 어떡해요. 뚫어버렸는데 그냥 설치해줘요…"라고 했다.

해물탕/해물찜
아구탕/아구찜
tel. 749-2376
株式會社 아 로

株式會社 아 로

시후쿠 신용산점

그때 내가 느낀 건 꼭 인테리어 하기 전에 나에게 물어보라고 부탁하고, 나 또한 그 물음에 답변할 수 있게 상주해야 한다.

지켜보는 감시자 역할로만 있기보다 공사 하시는 분들한테 빵이나 음료수라도 사다 주시면서 쉴 땐 쉬면서 일을 하는 것도 포인트다. 그렇게 하면 일할 때 서로 기분도 좋아지고 업자의 입장에서도 신경 써주는 사장의 가게는 작은 것이라도 신경 써주고 싶어지기 때문이다.

주방 설계는 반드시 직접 하자

하수구 배관의 위치, 싱크대 수도꼭지의 위치, 가스 배관 등을 생각해 보면 주방은 한번 설계를 하면 쉽게 고치기 힘들다.

한마디로 처음부터 잘 만들어야 한다. 주방에서 일하면서 움직임의 동선이 편하게 이루어져야 한다. 그것이 곧 음식의 속도와 직결되며 음식의 속도는 테이블 회전율에 직접적인 영향을 미치며 매출과 직결된다. 즉, 주방 설계가 매출과 직결된다는 말이다.

반대로 비효율적인 주방 설계는 매출 하락의 원인이 된다. 어떻게 해야 효율적인 주방 설계를 할 수 있을까? 이 부분은 인테리어 업자가 채워줄 수 있는 부분이 아니다. 물론 주방 인테리어를 많이 해본 업자는 '다른 가게는 이렇게 설계해요'라고 한다. 그것은 말 그대로 '다른 가게'이다.

주방에서 어떤 음식을 파느냐에 따라서 주방의 동선은 바뀌기 마련이다. 결국 주방 동선은 인테리어 업자의 조언보다 본인이 정하는 것이 '최선'의 선택이다. 업자는 요리를 해보지 않았기 때문에 어떤 주방 동선이 편한지, 어떻게 시공해야 주방 사람이 편한지 잘 모른다. 이런 것은 본인의 주방 경험을 살려서 인테리어 업자한테 말해야 한다.

경험담을 말하자면 2호점을 개업할 때 가스 배관을 설치하러 LPG 가스업체가 왔다. 내가 지켜보고 있는 가운데 가스 배관 설치를 하는데 길이를 재서 배관을 ㄱ(기역)자로 하면 깔끔하게 되는 상황이었다. 그런데 그렇게 하려면 새로운 가스관은 사이즈를 재서 잘라서 해야 했다. 가스 배관 회사 입장에서 볼 때 잘라야 하는 귀찮음이 생기고 새로운 파이프를 써야 하니 경비가 들어가는 입장이었다. 물론 나는 가스 배관 값과 설치비용을 지급한 상태였다. 그런데 가스 배관 설치하는 사람들이 '음… 사이즈가 안 맞네?' 하면서 폐업한 가게에서 떼어 온 더럽고, 짧은 가스 배관을 이리저리 대보더니 '이렇게 하면 될 것 같아'하면서 ㄹ(리을)자로 억지로 끼워 맞추려고 하려는 것이었다. 그걸 보던 내가 "사장님, 그냥 사이즈에 맞춰서 그냥 ㄱ자로 하는 것이 나을 것 같은데요?"고 하니 "그렇게 하나 이렇게 하나 가스 들어가는 건 똑같아요! 전혀 문제 될 게 없다니까!"라는 거였다. 그래서 "누가 가스 배관을 이렇게 설치해요? 이렇게 하면 외관도 안 좋아 보이고 청소도 힘들어지니까 그냥 ㄱ자로 해주세요!"라고 하니 "아니! 그러면 새 파이프를 재서 잘라야 하는데? 그렇게 하면 시간도 오래 걸려!"라고 해서 "제가 돈을 안 드렸나요? 당연히 사이즈에 맞게 잘라서 해주셔야죠! 더럽고 길이도 안 맞는 파이프를 왜 자꾸 우리 가게에 쓰려고 하세요? 시간은 좀 걸려도 되니 그냥 사이즈에 맞춰서 해주세요"라고 하니 그제서야 알겠다고 했다. 그렇게 ㄱ자로 가스관을 내리고 바닥 위로 가스관이 지나가게 설치를 하는데 바닥에 딱 붙여서 가스관을 설치하려는 것이다. 그래서 "사장님, 가스관을 바닥에서 10cm 정도 위로 뜨게 해서 설치해주시는 게 좋을 것 같아요"라고 하니 "사장님, 이거는 이렇게 하는 게 맞아! 다른데도 다 이렇게 했어!"라고 했다. '아… 가스배관만 설치할 줄 알지, 설치했을 때 어떤 부분이 불편한지 전혀 모르시고 계시구나…'라고 느꼈다.

전에 일하던 가게가 가스관을 바닥에 딱 붙여서 설치했는데 주방 바닥에 물 뿌릴 때마다 이물질이 쓸려가면서 배관에 다 달라붙었었다. 바닥과 배관 사이에 틈도 없어서 빗자루도 안 들어가고 거기에 음식물 찌꺼기 같은 것도 껴서 냄새까지 났다. 그때 당시 '왜 이렇게 시공했을까?' 의아했다. 파이프가 바닥에서 10cm 정도만 떠 있어도 이물질이 걸릴 일이 없을 텐데 하고 말이다. 그래서 이런 이야기를 가스 배관 기사님한테 설명해드리니 본인도 몰랐다며 10cm를 띄어서 설치했다.

이렇듯 인테리어 업자든 가스 배관 설치 업자든 간에 주방에서 일어나는 애로사항 같은 부분은 모를 수밖에 없다. 본인이 직접 경험한 바를 토대로 잘 설명해야 한다. 가스배관 설치는 한 번 하면 해체하는 것도 힘들어서 시공하는 것을 직접 보고, 애로사항을 그 자리에서 바로 말해야 한다. 설치할 때는 그 자리에 없다가 설치 끝나고 이상하다고 불러서 다시 해달라고 하면 싸움만 일어날 뿐이다. 그럼 '애초에 옆에 있었어야지 설치 다 끝나니까 이제 와서 그렇게 말씀하시면 어떻게 하냐'라고 말한다. 그리고 가스 배관업체는 말 그대로 가스만 잘 들어가고 나오면 된다고 한다. 본인들은 인테리어 업체가 아니라고 말이다. 그러니 인테리어 시에는 상시 상주해 있어야 이런 것을 사전에 예방할 수 있다.

본인이 하는 주방일을 생각해서 직접 설계를 해야 하는데 직접 어떻게 하지? 하고 너무 막막하다면 전에 가게에서는 주방 기물들이 어떻게 놓여 있었는지 생각해보면 조금 틀이 잡힌다. 예를 들어 '전 가게는 다른 것은 편했는데 불판과 싱크대가 너무 멀어서 불편했어'라고 생각하면 본인 가게에서는 불판 가까이에 싱크대를 놓으면 된다.

이렇게 본인이 만드는 요리를 생각하고 그 동선을 생각해봤을 때 편할지 어떨지를 생각해보고 동선을 짜보고 주방설계도 그것을 바탕으로 하는 것이 좋다.

셀프인테리어는 어떨까?

셀프인테리어는 어떨까?

한때 가구시장에서 유행어처럼 들리던 DIY(do it yourself)로 인해서 셀프인테리어도 인기가 높아진 것 같다.

스스로 가게를 꾸미는 것은 장단점이 있다. 우선 장점으로는 본인이 직접 인테리어를 함으로써 가게에 애착심이 생긴다. 누군가가 만들어 준 물건과 내가 만든 물건의 차이이다. 사장 혼자 하는 셀프인테리어가 아닌 직원과 함께 한다면 직원 또한 애착심이 생긴다. 그래서 오일 스텐 및 페인트칠하기, 앵글 선반, 인테리어 지붕, 주방 시멘트 계단 등 직원들과 함께 만들었고 심지어 간판 조명, 전등 스위치, 덕트, 후앙, 온수기 수도 파이프 등도 직원들과 함께 설치했다. 힘들기도 했지만 지금은 직원들이 새로운 직원이 들어오면 '이거 우리가 다 만든 거야! 대단하지 않냐?' 라고 우스갯소리도 한다. 이렇게 인테리어가 우리 손을 거침으로 인해서 하나의 스토리도 생기며 셀프인테리어 기술도 향상된다.

또한 셀프인테리어가 인테리어에만 한정되는 것이 아니라 무언가 고장 났을 때나 문제가 생겼을 때 분야 전문가를 부르느냐? 직접 해결하느냐? 로 인해서 지출과 연관이 된다. 위에 우리가 시공한 것을 보면 무슨 인테리어를 전공 한 것인지, 공부한 건지 싶기도 하다. 하지만 나도 처음부터 인테리어 시공을 잘한 것은 아니다.

한번은 화장실에 작은 환풍기가 고장 난 적이 있다. 그래서 업자를 불렀는데 이리저리 보더니 "고치는데 환풍기 값까지 해서 3만5천 원 드는데 고치겠어요?"라는 것이었다. 그때 당시에는 '생각보다 싸네?'라는 생각이 들어서 고쳐달라고 했다. 업자는 "잠시 철물점 좀 갔다 올게요"라면서 환풍기를 사 왔다. 옆에서 어떻게 고치나 보고 있었는데, 고장 난 환풍기를 빼니 전선이 2개 나왔다. 그 전선을 새로운 환풍기에 연결하니 작동됐다. 난 뭔가 대단하게 할 줄 알았는데 이렇게 쉽게 해결하다니. 심지어 나중에 철물점에 가서 환풍기 가격을 알아보니 5천 원이었다. 전선 하나 이어주고 3만 원을 받은 것이다. 물론 출장비 개념으로 교통비를 생각하면 3만 원이 비싼 돈은 아니다. 업자가 나쁘다는 것이 아니다. 내가 느끼기에 이렇게 간단한 것은 직접 하면서 돈을 아끼는 것이 낫겠다는 생각이 들었다.

또 한 번은 화장실 변기가 막혔다. 손님이 변기에 휴지를 엄청 집어넣은 것이었다. 뚫어뻥으로 뚫어보고, 약품도 사서 넣어보기도 하고 인터넷에서 변기에 랩을 씌우고 누르면서 물을 내리면 뚫린다고 해서 그렇게도 해보고 별짓을 다 해봤는데 안 뚫렸다. 하는 수 없이 전문 업자를 불렀다. 업자는 다르긴 달랐다. 스프링 같은 전동 기계를 가지고 오더니 변기 구멍에 넣어 스위치를 누르고 스프링을 넣다 뺐다 했다. 3분도 채 지나지 않아서 뚫렸다. 업자에게 지급한 가격은 20만 원이었다. 한순간에 끝났는데 20만 원을 내는 것이 아까웠지만 우리가 몇 시간 동안 해도 안 되는 것을 해냈으니 아까워도 어쩔 수 없었다.

업자에 "사장님 그런 기계는 얼마에요? 비싼가요?"라고 물으니 "이건 전문가용이라서 많이 비싸요. 전동 말고 수동으로 된 거 있어요. 손으로 돌리는 거는 10만 원 정도면 살 수 있어요"라는 것이었다. 그래서 나는 "10만 원짜리 사도 이렇게 막힌 거 뚫을 수 있나요?"라고 물으니 "너무 꽉! 막혔을 때 아니면 저희도 원래 수동으로 들고 다니면서 뚫어요. 근데 아까 완전 꽉 막혔다고 해서 이거 들고 온 거에요. 사셔서 직접 하시게요?"라고 되물었다. "이거 뚫는 것도 기술이에요. 그냥 부르시는 게 나을 거에요"라고 말했다. 막힐 때마다 돈 내느니 조금 힘들더라도 내가 뚫는 게 낫다고 생각했다. 그렇게 10만 원짜리 수동 기계를 샀는데 아니나 다를까 변기가 또 막혔다. 수동으로도 잘 뚫렸다. 그렇게 몇 번이 막혔고, 막힐 때마다 직접 뚫었다. 그런데 한번은 예전처럼 꽉 막혀서 몇 시간 동안 해도 안 뚫리는 것이었다. 어쩔 수 없이 20만 원을 내고 업자를 또 불렀는데, 역시 업자는 3분도 안 돼서 뚫는 것이었다. 결국 전문가용 배관 청소기를 60만 원 주고 샀고, 막힐 때마다 업자를 안 부르고 직원과 함께 뚫고 있다. 선반이며, 웨이팅 의자를 만들 때며 직원들이 손발 걷고 동참해줘서 매번 고마움을 느낀다. 직원 중 한 명은 변기와 하수구를 하도 많이 뚫어서 지금은 '뚫기 전문가' 정도 수준이다. 그래서 맨날 이런 말을 한다. "사장님! 저희 이거 하수구 뚫는 회사 차려야 한다니까요! 20만 원씩 받으면서 출장다녀요"라고 말이다. 이렇게 셀프인테리어와 연관돼서 일을 하다보면 할 수 있는 일이 많아진다. 지출을 줄이는 방법 중 하나이나 장점만 있는 것은 아니다.

단점을 들자면 아무래도 전문가가 아니니 그만큼 시간이 들며 퀄리티가 떨어질 수 있고, 자칫하면 조잡해 보일 수가 있다. 그리고 글라인더 작업이나 전기 부분 같은 것은 비전문가로서 큰 사고로 이어질 수 있으니 조심하며 해야 한다.

이렇듯 셀프인테리어가 단점이 있기는 하지만 많이 알아보고 안전사고에 유의하며 작업을 한다면 실보다 득이 많다.

셀프인테리어 팁

외관나무 인테리어 데크용 '방부목'

싸고 괜찮은 나무부터 말하자면 외관에 사용하는 목재로 데크용 '방부목'이 있다. 말 그대로 나무를 방부 처리하여 비가 오거나 습기가 많이 차도 잘 썩지 않는 장점이 있다. 원래는 데크재(바닥재)용으로 나와서 미끄럽지 않게 홈이 파여 있는데, 데크용 외에도 카페나 이자카야에서 외관 소재로 흔하게 볼 수 있는 목재 인테리어다. 너무 흔한 느낌이 싫다면 나무의 홈이 있는 부분을 뒤로 뒤집어서 평평한 면을 보이게 하고 사용하거나, 홈이 없는 방부목을 사용한다면 기존의 식상한 데크용 방부목 느낌을 없앨 수 있다.

스테인

페인트가 소재에 '칠해지는' 느낌이라고 한다면, 스테인은 소재에 '스며드는' 느낌이라고 할 수 있다. 염색과 같다고 생각하면 된다.

페인트와 달리 스며드는 것이기 때문에 나무에 발랐을 경우 느낌이 많이 다르다. 같은 나무에 칠한 경우 페인트는 깔끔한 원색을 나타나지만 스테인은 착색 원료로 주로 염료를 사용하기 때문에 나무의 고유 느낌과 나이테를

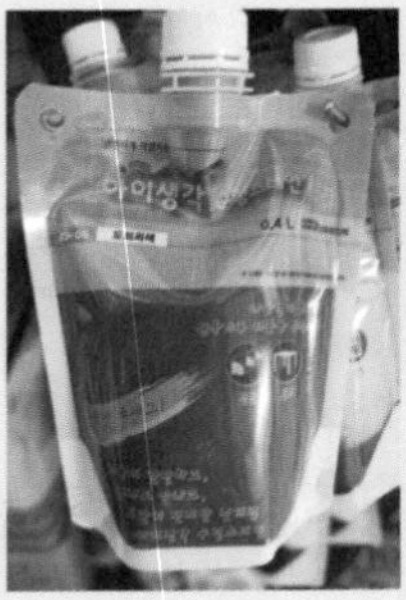

그대로 보이면서 착색할 수 있는 것이 특징이다.

스테인은 크게 수성 스테인과 유성 스테인으로 나뉜다. 수성(水性)은 베이스가 물(水)이며, 유성(油性)은 베이스가 기름(油)이다. 유성 스테인은 보통 오일 스텐(Oil Stain) 이라고 부르는 경우가 많다.

수성의 장점으로는 빠른 건조가 가능하며 냄새가 많이 나지 않는다. 단점으로는 오일 스텐에 비해서 가격이 비싸다.

또한 습기가 많은 욕실이나 실외는 수성 스테인 보다 오일 스텐을 추천 한다. 오일 스텐은 코팅제의 마감이 없어도 원목의 변형이 방지되며, 비와 습기에 강하며 자외선에 의한 색상 변형이 없다.

가격 또한 수성 스테인에 비해 저렴하다. 단점으로는 건조 시간이 길며 작업 시 냄새가 심하게 난다. 작업 후 완벽하게 건조되면 냄새는 없다.

나무의 느낌을 더욱 살려주는 '토치'와 '오일 스텐'

목재 소재를 가스 토치로 태우면 나무의 나이테가 두드러져 보여서 더욱 느낌이 산다.

이 느낌을 살리기 위해서, 페인트가 아닌 위에서 말한 '스테인'을 칠하는 것을 추천한다. 그중 수성 스테인보다는 오일 스텐을 추천한다.

가격도 저렴한 데다 장점도 많기 때문이다. 또한 칠 작업은 개인차가 있지만 수성 스테인보다 오일 스테인이 더욱 편하게 칠 작업이 가능했다.

오일 스텐은 페인트 가게에서 판매하며 페인트보다 칠하기 훨씬 수월하다.

방법은 붓이나 롤러로 듬뿍 칠해주고 조금 기다렸다가 마른 수건으로 닦아주면 된다. 나이테가 더욱 두드러져 보이며 칠 자국이 없어져서 깔끔하게 작업이 된다. 하지만 수건으로 닦아주면 전보다 색은 옅게 된다. 작업자 스타일에 다른데 수건으로 닦아줘야 한다는 사람도 있고 안 된다는 사람도 있지만 본인이 해보고 원하는 스타일로 하면 된다.

1호점은 업체에 맡겼는데, 2호점의 경우는 전부 나무를 토치로 태우고 오일스텐을 칠했다. 나무를 토치로 태워서 예뻐 보이는 것은 나의 개인적 견해고 업자한테 토치로 태우고 오일 스텐으로 발라달라고 하면 이다빡 원목의 특성으로 말하며 안 해줄 것이다. 물론 나는 목공전문가가 아니여서 나무의 특성이나 이런 건 잘 모르겠는데 내가 보기에는 귀찮아서 안 해주는 것 같다.

외관나무 인테리어 '이다빡'

'이다빡'이라는 나무도 외관에 자주 쓰이는데 방부목보다는 비싸지만 옆으로 좀 넓고 방부목처럼 그렇게 흔한 나무는 아니기에 외관으로 꾸몄을 때 식상한 느낌은 없다. 원목소재라서 합판과 비교했을 때 훨씬 좋은 느낌이 난다.

이다빡 원목

이다빡을 토치로 태웠을 때

시후쿠 2호점 외관에 쓰인 나무가 전부 '이다빡'이다. 이름이 왜 '이다빡'인지는 모르겠지만 목공 업체에서 그렇게 부르기에 그냥 그런가 보다 한다. '이다빡'은 방부목은 아니지만 외관에 써도 될 만큼 잘 안 썩고 튼튼한 나무라고 한다. 이것 또한 토치로 태우면 나이테가 두드러지게 나오면서 예쁘게 변한다.
2호점은 어닝(비를 막기 위한 천으로 된 처마)을 나무로 만들었는데 '방수합판'이라는 것을 틀로 만들고 그 위에 '이다빡'을 붙여서 만들었다.

외관 '페인트' 칠하기

3호점은 페인트칠을 많이 했다. 1.2호점과 달리 다채로운 색상과 그림이 많이 들어갔다. 페인트는 목재용과 콘크리트용이 따로 있다. 보통 목재용이 훨씬 비싸다. 목재용을 사서 콘크리트에 바르는 것은 무방한데 콘크리트용을 사서 목재에 바르면 나중에 시간이 지나면 갈라지고 벗겨진다. 보통 인테리어하고 난 후에 페인트가 벗겨지거나 갈라지는 것은 소재에 맞지 않은 페인트를 사용한 경우가 대부분이다.
소재에 맞는 페인트를 더욱 효율적으로 사용하는 방법은 '젯소'를 사용하는 것이다. '프라이머'라고도 불리는 '젯소'는 하얀색 액체인데 페인트를 바르기 전에 바를 곳에 칠해주면 된다. 먼저 칠해주고 나면 페인트의 발색이 좋아진다.
예를 들어 소재가 어두운 곳을 밝은색으로 하고 싶을 때를 보자. 어두운 나무선반을 밝은 분홍색으로 하고 싶어서, 분홍색 페인트를 직접 발라버리면 밝은 분홍색이 아닌 약간 어두운 분홍색이 된다. 젯소는 이러한 것을 예방한다.
어두운 나무선반에 젯소를 칠하면 하얘지는데 그 위에 분홍색 페인트를 바르면 밝고 예쁜 분홍색이 된다. 물론 젯소를 칠하고 완전히 마른상태에서

페인트를 칠해야 하기 때문에 시간은 2배로 든다. 젯소는 소재에 따라서 보통 1회 또는 2회를 바르는데 2회를 바를 경우는 처음 바른 것과 교차되게 바르면 더욱 효과적이다. 또한 젯소는 소재의 표면을 매끄럽게 해주는 효과도 있다.

보통 페인트의 접착력을 높여주기 위해 사포질을 하게 되는데 체력소모가 커서 젯소로 대신한다. 즉 사포질 없이 접착제 역할을 해준다. 접착체 역할을 하니 페인트가 잘 칠해지지 않는 도자기나 금속 종류에 먼저 칠해주고 페인트를 칠하면 페인트가 벗겨지지 않고 잘 칠해지는 장점이 있다.

핸디코트

하얀색의 반고체 형태로 이루어져 있으며 '빠데' 혹은 '퍼티'라고도 불리기도 한다. 핸디코트는 페인트칠 전에 손상된 목재나 소재를 메꿀 때 사용한다. 예를 들면 보통 목공 작업을 하면 콤프레셔의 타카핀 자국이 푹 파이게 남게 된다. 그 부분에 그냥 페인트를 칠하면 깔끔하게 칠해지지 않고 타카핀 자국이 그대로 보이게 된다. 타카핀이 금속인지라 어두운 계열의 페인트를 칠했을 때는 더욱 두드러져 보여서 깔끔한 페인트칠이 되질 않는다. 그러한 부분을 핸디코트를 마감해준 후 말린 뒤 사포질을 해주고 페인트칠을 해주면 깔끔하게 마감된다.

변색, 긁힘, 오염 방지의 '니스'와 '바니쉬'사용하기

니스는 많이 들어 보았을 것이다. 어렸을 때 찰흙공예를 하고 난 뒤 마무리로 반짝이게 칠해주던 것이다. 페인트칠을 하고 난 뒤에도 변색이나 긁힘,

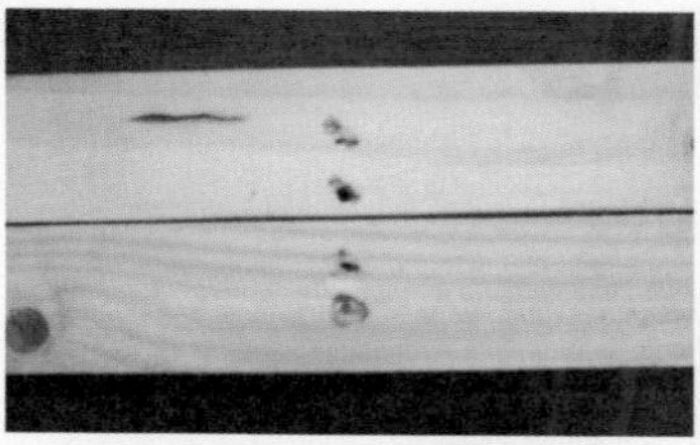

핸디코드를 하지 않고 페인트를 칠했을 때 핸디코드를 하고 페인트를 칠했을 때

오염을 방지하기 위해서 니스 또는 바니쉬를 발라준다. 니스와 바니쉬는 같은 말이며 영어 표기로는 Varnish이다.

보통 업자들이 '니스'라고 하면 유성 니스를 말하고 '바니쉬'라고 하면 수성 바니쉬를 뜻한다. 유성 니스와 수성 바니쉬는 둘다 무광, 유광, 반광의 세 가지의 종류가 있다. 말 그대로 빛나는 정도의 차이이다. 칠을 하고 나서 반짝반짝 빛나게 하고 싶은 것인지, 빛은 내지 않고 소재의 표면만을 보호 하고 싶은지에 따라서 본인이 선택하면 되는데 무광보다는 유광이 때가 덜 탄다. 유성 니스는 수성 바니쉬에 비해 더욱 광택이 뛰어나고 도막 처리가 튼튼하다는 장점이 있지만, 황변을 일으키는 단점이 있다. 황변(黃變)이란 칠을 하고 나서 누렇게 변하는 것을 말하는데, 초등학생 만들기 시간에 하얀 지점토로 만든 공예품에 니스를 바르면 누렇게 변했던 기억들이 있었을 것이다.

목재 역시 바르고 나서 누렇게 변하는 경향이 있다. 니스를 보면 농도가 되직하게 되어 있는데 초보자가 붓 칠을 하면 한 번에 잘 칠하지 못해서 칠하는 과정에서 붓 자국이 생기거나 두껍게 칠해져서 니스가 흐르면서 물방울 자국이 생기기 마련이다.

초보자가 유성 니스를 손쉽게 칠하기 위해서는 원래의 농도로 한 번에 칠하는 것이 아니라 농도를 묽게 해서 여러 차례로 칠하는 편이 쉽다. 농도를 묽게 하기 위해서는 신나(희석제)라는 것을 타서 묽게 하면 된다. 목재 소재 니스를 바른 뒤 만져보면 표면이 약간 거칠하게 느껴지는 경우가 있는데, 이것을 매끈하게 하고 싶은 경우에는 사포(샌드 페이퍼)를 이용한다. 먼저 니스를 바를 목재를 사포로 문질러 줘야 하는데 이것을 샌딩작업 이라고 한다. 사포는 100방, 200방, 300방 이렇게 숫자가 올라 갈수록 표면이 매끈한데 200방정도로 문질러 주면 된다. 목재에도 샌딩작업을 하지만 니스를 칠한 뒤에도 2~4차례 샌딩작업이 필요하다.
즉 니스를 바르고 마르면 사포로 그 표면을 문질어 준 뒤 마른걸레 표면을 깨끗이 닦고 다시 니스 칠을 하는 것이다. 이렇게 2~4차례 정도 해주면 표면이 매끈하게 된다.

내부 인테리어 '낙엽송'

내부는 '낙엽송'이라는 나무로 했다. 요즘 들어 많이 보이는 나무인데 이건 토치로 태우면 정말 이상하게 변한다. 이건 정말 오일 스텐만 칠하는 것이 가장 좋다. 3mm와 5mm가 있는데 당연히 5mm가 더 비싼데 벽에 붙이는 것은 굳이 두껍지 않아도 된다. 1호점의 경우는 어두운 회색 계열의 벽지로 꾸몄고, 2호점은 벽지 대신 낙엽송으로 꾸몄다. 가격은 낙엽송이 조금 비싼데 내구성과 느낌은 당연히 낙엽송이 좋다. 인테리어에 투자할 돈이 많지 않을 경우 벽지도 현명한 선택이다.

낙엽송에 오일스텐을 바르기 전

낙엽송에 오일스텐을 바른 후

내부 인테리어 '미송 합판'

미송합판은 습기에도 강한 편이며 나무의 강도도 좋아서 주방이나 홀의 선반을 만들기에도 적합하며 장의자나 벽면 인테리어에도 많이 쓰인다. 또한 미송은 나이테나 옹이가 없는 무절과 반대로 나이테나 나무의 무늬가 있는 유절로 나뉘는데 가격의 무절이 유절보다 비싸다.

타일 작업

3호점 주방의 타일은 우리가 직접 시공했다. 예전에도 1호점에서 타일 작업을 해보려고 했으나 벽에 타일을 어떻게 붙이지? 라고 생각했었다. 타일 시공 업자에서 무언가를 바르고 타일을 붙이는 게 생각나서 백시멘트 바르고 붙이면 되나? 하고 해보았는데 타일 무게로 아래로 흘러내리는 것이었다. 3호점 할 때 인테리어 하시는 분한테 여쭤보니 '세라픽스'라는 것을 바르고 붙이면 된다고 했다. 반고체 상태의 일종의 본드 같은 것인데 굳으면 딱딱해진다. 우선 벽에 '세라픽스'을 바르고 타일을 붙이면 타일이 흘러내리지 않는다. 바닥은 '세라픽스'가 아닌 '압착 시멘트'라는 것을 바른다. 가루로 되어있는데 물과 적당하게 섞어주면 된다. 백시멘트와 같게 보이는데, 빨리 굳고 굳으면 훨씬 단단해진다. 타일과 타일 사이의 줄눈은 '백시멘트(하얀 시멘트)'를 물과 적당하게 섞어서 채워주면 된다. 철물점이나 타일 집에 타일용 미장 칼이 판매하고 있어서 미장 칼로 문지르면 더욱 깔끔하고 신속하게 할 수 있다. 없으면 적당하게 젖은 수건으로 문지르면 된다.

세라픽스

벽지

벽지 선택 시 너무 특이한 벽지이거나 유명하지 않은 회사의 벽지를 사용하지 않는 게 좋다. 그 이유는 나중에 벽지가 찢어지거나, 가게를 확장했을 때

통일감을 주기 위해서 같은 벽지를 사용하려고 하는데 벽지가 더 이상 안 만들어지고 그 종류가 없어지는 경우가 있다.

1호점의 경우 실제로 가게를 확장하고 나서 같은 벽지를 하려고 했는데 그 벽지가 단종됐다. 그래서 어쩔 수 없이 비슷한 느낌의 벽지를 했다. 벽지 또한 벽지마다 회사랑 각각의 모델 넘버가 있는데 인테리어 할 때 그 번호를 적어놓으면 나중에 본인이 시공한 벽지 집이 망한다거나 다른 벽지 집을 이용하고 싶을 때 유용하게 쓰일 수 있다.

벽지 시공이 다 끝나면 보통 벽지가 남기 마련인데 나중에 찢어지거나 덧댈 일이 있을 경우를 대비해 잘 보관해 두자. 우리 가게도 이자카야이기 때문에 저녁에는 약간 어두운 조명을 사용하는데 벽지 시공을 끝내고 보니 생각했던 것보다 벽지가 많이 어둡게 느껴졌다. 보통 벽지가게의 조명은 밝은 흰색을 쓴다. 그래서 본인의 가게 조명이 조금 어둡다면 그것을 염두에 두고 벽지 가게에서 보이는 색보다 좀 더 밝은 톤의 벽지를 골라야 한다. 잘 모르겠으면 벽지 가게에 마음에 드는 벽지 샘플을 조금 달라고 해서 본인의 가게에 가져가서 보는 방법도 있다. 하지만 벽지 가게에서 벽지 샘플을 다 주는 것은 아니니 참고만 하기 바란다.

또한 가게를 확장하여 벽지가 더 필요한데 벽지 회사와 모델넘버를 모를 경우 기존에 남겨둔 벽지를 가져가서 비교해봐야 한다. 이것도 마찬가지로 가게에서 봤던 색과 벽지 가게에서 보는 색이 조명으로 인해 차이가 있기 때문에 '이런 색이었지' 하고 생각만 하고 가지 말고 벽지를 가져가야 한다.

주방기물에 관한 팁

해면기

보통 '면기'라고 많이 부르는 해면기(면삶는 기계)는 면체가 4개 들어가는 4구, 6개 들어가는 6구, 8개 들어가는 8구 등 이런 식으로 있다. 보통 4구짜리 기성품을 많이 쓰는데 사이즈가 가로 60cm 세로 60cm 높이 80cm 로 많이 나오는데, 주방 기물 파는 곳에 높이는 그대로 두고 가로, 세로를 최대한 작게 해달라고 하면 10cm 정도 작게 가능하다.
주방이 큰 경우는 10cm 차이가 별로 크게 와 닿지 않을 수도 있겠다, 하지만 작은 주방에서의 공간 활용을 생각하면 단지 10cm지만 크게 느껴진다. 크기를 줄이면 이렇게 공간 활용 면에서도 좋지만 또 다른 좋은 점이 있다. 면 솥이 작아진 만큼 물도 금방 끓어서 가스비도 아낄 수 있다. 또한 면 메뉴가 없을 때 불을 줄여 놓았다가 면 메뉴가 들어왔을 때 불을 새게 틀면 물이 금방 끓는다는 이점도 있다.

본인 가게가 24평 이하의 작은 가게라면 6구 이상은 사용하지 않는 것이 좋다. 라멘집에서도 2년 일했는데 거기는 6구짜리와 8구짜리가 있었는데 불편했다. 4구짜리로도 충분하다. 걱정이 돼서 그래도 8구 정도는 있어야 하지 않나? 라는 생각이 글면 8구를 사지 마시고 돈이 들더라도 4구짜리를 2개 사는 것을 추천한다.

면기에 면을 많이 삶으면 면에 묻어있는 전분가루로 물이 탁해진다. 가게 메뉴에 면 메뉴가 많지 않은 가게는 증발한 물만큼 물을 보충해주는 것만으로 가능하다. 그런데 면 메뉴가 많은 가게는 전분기로 면기의 물이 너무 걸쭉해져서 물을 교체해야 하는 상황이 온다. 이럴 때 8구인 경우 물을 다 버리고 물을 다시 끓이면 시간이 오래 걸리기 때문에 그 시간에 면 메뉴가 들어오면 곤란한 상황이 된다. 그런데 4구짜리가 2개인 경우는 면기 한 개는 계속 끓이고 나머지 면기의 물을 다 빼고 물을 받고 끓이고, 물이 끓으면 나머지 면기도 물을 버리고 물을 넣고 끓이면, 면 메뉴에 지장 없이 물을 계속 끓일 수 있는 장점이 있다.

불판! 간텍기 렌지

중고로 주방 기물을 살 때, 가스를 사용하는 기물을 살 경우 반드시 본인의 가게가 도시가스(LNG)인지 프로판가스(LPG)인지 확인 후 그에 맞는 물건을 구매해야 한다.

당연한 이야기로 들리겠지만, 내 이야기를 하면 어느 날 불판이 필요해 황학동에서 중고 불판을 보고 있었다. 우선 중고 물품을 살 때 누구나도 그렇듯이 싸지만 깨끗하고 새것 같은 것을 찾고 있던 와중 정말 딱 새것 같은 물건인데 가격이 너무 괜찮은 물건이 있어서 볼 것도 없이 "사장님 이거 주세요"라고 했다. 그리고 돈을 지불하고 용달로 물건을 가게로 옮겨준다길래 알았다고 하고 황학동에서 다른 물건을 구매하고 있는데 드는 생각이 "어? 근데 그거 프로판 가스 불판인가? 생각해보니 확인을 안했네? 그쪽 가게 사

구형 간텍기 렌지(좌) 신 간텍기 렌지(우)
구형보다는 신형이 값이 조금 더 나가김 하나 불이 잘 모이고 청소가 수월하다.

장님이 우리 가게가 무슨 가스인지 알리는 없고…"라는 생각이 들어 얼른 뛰어가 "사장님 아까 불판 산 사람인데요! 근데 그거 프로판가스 맞나요? 라고 물으니…" 사장님께서 "아니 그거 도시가인데요? 프로판 가스에요?"라는 것이다. 내가 잘못 한 것도 있지만 팔기 전에 "이거 도시 가스인데 가게가 도시 가스죠?"라고 말해줬으면 좋았을 텐데 라고 생각했다. 그런데 사장님께서 "불판 앞에 스티커로 LNG라고 쓰여 있는데 그거 보고 사가시는 줄 알았어요"라고 하는 것이었다. 다시 제대로 된 프로판 가스용 불판을 사긴 했지만, 잘못 배송됐을 경우 배송비도 문제가 되고 다시 주방거리를 찾아가야 하는 번거로움이 있기 때문에 잘 보고 사야 한다.

테이블 냉장고 & 냉동고

테이블 냉장고는 주방에서 도마를 놓고 일을 하는 작업대의 역할을 한다. 냉장만 되는 것도 있고 냉동만 되는 것도 있으며, 한쪽문은 냉장, 한쪽문은 냉동인 것도 있다. 둘다 되는 것은 모터의 위치에 따라 냉동과 냉장의 위치 바뀐다. 모터가 있는 쪽이 냉동이 되니 주방 동선에 따라 선택을 잘해야 한다. 보통 냉장고 크기는 1200mm, 1500mm, 1800mm로 30cm 간격으로 기성품이 나오며 맞춤 제작도 가능하다.

냉장고 & 냉동고

냉장고 & 냉동고는 직냉식과 간냉식이 있는데 직냉식은 냉동고에 들어있는 판을 차갑게 함으로 인해 차가워지는 원리로 성에가 끼는 단점이 있다. 냉동고 안쪽에 보면 센서가 있

는데 센서에 성에가 끼면 냉동고 온도가 높아도 온도가 떨어지지 않는다. 또한 성에가 두껍게 얼음처럼 끼면 냉동고 공간도 좁아지므로 정기적으로 성에를 녹여줘야 한다. 장점으로는 가격이 간냉식에 비해 저렴하며 냉동이 강하다. 간냉식은 바람으로 차갑게 하는 원리로 장점은 성에가 끼지 않아서 성에를 녹여줘야 하는 번거로움이 없다. 단점은 가격이 직냉식에 비해 비싸고 냉동이 약하다. 냉동이 약하다고 해서 냉동식품이 녹을 정도로 약하지 않다. 주방기구 업체 말로는 요즘 나오는 간냉식 냉동고는 냉동이 강한 것도 나왔다고 한다.

바트 냉장고

위는 바트를 놓을 수 있고 아래는 냉장고로 구성 되어있다. 위의 바트에 각종 해물과 야채를 넣어두고 보관할 수 있다. 그런 경우 불판 옆에 바트 냉장고를 넣으면 해산물 및 야채를 냉장고 문을 여닫지 않고 간편하게 넣을 수 있어서 편하다. 또한 바트를 시원하게 냉장을 해놓고 있어서 한여름에 재료가 상하지 않게 하는 점이 장점이다.

다른 방식으로 사용한다면 바트 냉장고 옆에 튀김기를 두고, 바트 냉장고에

는 돈까스 고기, 밀가루, 계란 물, 빵가루 등을 바트에 담아두고 그때그때 묻혀서 나가는 방법도 있다. 재료를 꺼내 놓으면 상할 우려가 있으니 이것 또한 활용하는 방법 중 하나다.

튀김기

튀김기는 전기 튀김기와 가스 튀김기가 있다. 튀김기를 사용하면 중간중간에 튀기고 떨어진 빵가루나 튀김가루 등을 채로 걸러내 주어야한다. 그런데 가스 튀김기는 아래쪽에 두꺼운 원통형으로 열판이 지내가서 빵가루를 채로 건지기 힘든 단점이 있다. 반면 전기 튀김기는 빵가루를 건지기 쉽다.

나는 전기 튀김기를 사용하는데 제품마다 건지게가 포함되어 있다. 건지게가 쇠판에 타공(구멍)으로 되어 있는 것도 있고 석쇠처럼 철사로 되어 있는 것이 있다. 타공은 튀김을 건질 때 기름이 조금 고이므로 석쇠처럼 되어 있는 것을 추천한다.

또한 '건지게'를 실수로 놓쳤을 때도 타공은 기름이 튀어서 위험할 수 있다. 내가 쓰고 있는 제품은 동화 전기 튀김기인데 가격대비 성능이 괜찮다.

지원 받을 수 있는 건 지원 받자!

2012년 4월 인테리어 공사를 하던 어느 날, 정장을 빼입은 사람이 사장을 찾고 있었다.

"사장님 계신가요?"

"예. 전데요? 누구시죠?"

"아! 사장님이시구나! 저는 일본 XX생맥주 회사 영업사원 OOO이라고 합니다."

"다름이 아니라 인테리어 보니까 이자카야 같은데? 맞죠?"

"아. 네 맞아요."

"그럼 생맥주 쓰시겠네요? 어떤 맥주 하실지 정하셨나요? 저희 맥주회사로 해주시면 20L당 2만 원의 지원금이 나옵니다. 사장님께서 나중에 장사하시면 아시겠지만 이런 지원금도 무시 못합니다."

"네. 아직 고민 중인데 생각해볼게요."

"네! 사장님 나중에 다시 한번 방문 드리겠습니다. 꼭 좋은 쪽으로 생각해 봐주십시오."

그렇게 고민을 하고 며칠이 지난 뒤 다시 영업 사원이 방문했다.

"사장님 생각은 해보셨나요? 아! 그리고 혹시 저희 회사에서 인테리어로 쓸 수 있는 물품도 있는데 한번 보여 드릴게요"라고 하더니 자동차에 가더니 이것저것 뭔가를 많이 가져왔다. 앞치마, 티셔츠, 벽등, 노랭(일본식 가림막 커튼) 등을 보여줬는데 전부 생맥주 회사 로고가 찍혀 있는 것이었다.

영업 사원이 하는 말이 "필요하시면 이거 다 사용하셔도 됩니다"라는 것이었다. 이 소품들은 전부 사용하면 여기저기를 돌아봐도 그 생맥주 회사 로고만 보이니 우리 가게만의 느낌을 내기 어려울 것 같았다. 좀 더 일본적이면서 전문적인 느낌을 내고 싶었다. "아… 이렇게 로고 찍혀 있는 것밖에 없나요? 로고만 빼주시면 안 되나요? 로고가 찍힌 건 별로인데…"라고 하자 영업사원이 "아… 저희가 로고를 뺄 수가 없어서요… 죄송합니다"라는 것이었다. 그래서 "저번에 생맥주 쓰면 지원금 같은 것도 말씀해주셨는데, 제가 마음에 드는 소품을 사고 그걸 청구하면 지원금 형태로 지원해주실 수 있나요?"라고 물었다. "아? 그때 말씀 드린 지원금은 맥주를 쓸 때마다 지원해주는 것이었는데, 이 부분은 회사에서 나오는 영업비로 해결해볼게요. 저희 회사를 써주시면 그 정도는 해드릴 수 있습니다"라고 했다.

후에 다른 일본 생맥주 회사도 연락하여 쓰고 싶다고 하니 영업 사원이 왔다. 그쪽 회사에서도 마찬가지로 인테리어 소품을 지원받았는데, 따져보니 100만 원 정도 지원을 받았다. 그리고 그렇게 생맥주 회사를 두 군데 정하고 가게를 운영하는데 영업사원이 한 번 더 찾아 왔다. 그러더니 이렇게 말했다. "사장님! 여기 보니까 일본 △△생맥주 회사도 쓰시고 계시는데 잘 나가나요?"라는 것이었다. "아. 네 둘 다 잘나가요"라고 하니 "그러시구나. 사장님 저희가 지금 20L 한통을 팔면 2만 원 지원해 드리고 있는데, △△회사 꺼를 빼고 저희 것만 단독으로 판매 해주시면 저희가 4만 원까지 지원해 드릴 수 있습니다"라고 하는 것이었다. "아. 그런데 저희 고객님 중에 XX생맥주를 좋아하시는 분도 계시고, △△생맥주를 좋아하시는 분도 계셔서 둘 중에 한 개를 빼는 건 힘들 것 같아요"라고 했다.

2호점 차릴 때는 이런 생각이 났다. 맥주회사를 한 개로 해서 단독으로 진행하고 지원금이 많아지면 생맥주 가격을 좀 더 낮출 수도 있고 아니면 생맥주를 시키면 어떤 서비스 안주를 조금이라도 드릴 수 있을 것 같았다. 그래서 2호점을 차릴 때 영업사원한테 말하니 처음부터 단독으로 들어가도 지원금을 2배로 드리는 것은 힘들다고 했다. 그래서 '아. 안되는구나'라고 생각해서 1호점과 동일하게 2개를 진행했는데, 기계가 2개가 들어오니 영업직원이 예전과 같이 말했다. △△회사 제품을 빼면 지원금을 더 많이 주겠다는 것이다.

생맥주라는 것이 일정한 계약이나 설치비용이 추가로 들지 않기 때문에 당장 한 회사를 빼도 크게 상관은 없는 구조이기는 하다. 1호점과 같은 이유로 빼지는 않았지만 회사를 하나만 쓸 생각이여도 2개의 맥주 회사를 놓고 별로 안 나가는 맥주를 빼고 하나만 사용하면 지원금도 많이 받고 그만큼 손님한테 가격 면이나 여러 가지 방법으로 서비스를 드릴 수 있으니 이렇게 하는 것도 방법이다.

일본 생맥주 회사는 인테리어적인 지원을 해주는 부분이 있고 통 당 지원금이나 사은품도 나온다. 한국에 있는 일본 생맥주 회사로는 아사히, 삿포로, 산토리, 기린, 에비스 등이 있다. 또한 주류 회사에서 메뉴판 및 판촉물도 지원해주는 곳도 많이 있어서 가능 여부를 문의해보는 것도 좋겠다.

주류회사에서 무이자 대출이 된다고?

일본 생맥주 회사에서 위와 같은 지원이 가능하다면, 한국 생맥주 회사는 무이자 대출이 가능하다. 우선 한국 생맥주 회사는 2개가 있는데 하이트 회사(하이트, 맥스 생맥주)와 카스 회사(카스, 오비 생맥주)가 있다. 대출을 무조건 해주는 것은 아니고 조건이 있다.

우선, 생맥주 회사에서 진행하는 대출이니만큼 국산 생맥주를 가게에 비치하는 조건이 들어간다(병맥주, 캔맥주 제외). 이미 영업 중인 음식점인지, 새로 오픈하는 가게인지에 따라 대출여부와 금액이 다르다. 영업 중인 음식점은 가게 매출과 다른 주류의 판매율을 보고 대출 여부와 금액이 정해진다. 가게에 따라 1천만 원~3천만 원 정도 가능하다. 1천만 원과 2천만 원은 무이자 10개월 원금분할 상환이다. 쉽게 말해서 1천만 원일 때는 100만 원씩 10달 동안 갚는 것이고, 2천만 원은 200만 원씩 10달 동안 갚는 것이다. 또한 3천만 원은 무이자 15개월 원금분할 상환이다. 생맥주 회사나 주류 유통 대리점의 사정에 따라 바뀌는 부분이 있을 수 있다.

아직 오픈하지 않은 경우라면 당연히 가게 매출을 알 수 없다. 그래서 주류 유통 대리점에서 이 사람에게 대출을 해줘도 되는지 몇 가지를 본다. 본인의 집이 있는지, 월세인지 등을 보고 가게가 위치나 여러 가지 측면에서 잘 될 것 같은지 아닌지도 본다. 그것을 토대로 대출여부와 금액이 정해진다. 주류 유통 회사가 연대보증을 서줌으로 인해서 대출이 가능한 부분이니, 그만큼 신중하게 대출여부와 금액을 정하는 것 같다.

주류 냉장고, 주류 냉동고의 지원! 좋은 점과 안 좋은 점!

주류 회사를 쓰면 보통 음식점에서 주류 및 물을 넣을 수 있는 냉장고를 지원해준다. 냉장고 및 냉동고를 받아서 주류 및 물 냉장고로 사용하고 나머지는 야채 보관 냉장고로 사용하면 경비로 절감되고 유용하게 쓸 수 있다.

냉동고도 지원 받아서 사용하고 있었는데, 이 부분은 결함이 있다. 원래 주류회사에서 냉동고를 지원해주는 이유가 맥주 컵을 더 시원하게 보관하거나 한여름에 술을 더욱 시원하게 하기 위해서다. 그러나 용도와 다르게 냉동고에 식재료를 보관함으로 써서 생기는 결함이 있었다. 하지만 식당을 운영하는 분들 중에 나처럼 주류냉장고, 냉동고를 식자재 보관용으로 쓰시는 분들도 많기 때문에 이 이야기를 하고자 한다. 우선 냉동고는 바람으로 차갑게 하는 간냉식 냉동고와 냉동고 선반을 얼려서 사용하는 직냉식 냉동고가 있다. 처음에는 선반의 높이 조정이 되며 청소가 용이하기 때문에 간냉

식을 사용했다. 그런데 간냉식 냉동고는 써보니 식재료가 잘 얼지 않았다.
즉, 냉동고를 어디에 두는지에 따라서 냉동고의 성능이 달라지는 것이다. 우리가 놓은 곳은 화장실 앞 통로에 냉동고를 넣었는데 이곳이 환풍기가 없어서 환기가 잘되지 않았다. 냉동고가 2대나 있었고 비좁은 공간이여서 많은 열이 발생했고 냉동의 온도에 영향을 미쳤다. 식자재가 잘 얼지 않아서 선반이 얼음판으로 이루어진 직냉식으로 바꿨다.
당시 한여름이었는데 이것 또한 문을 열고 닫을 때마다 얼음판이 조금씩 녹았으며 안에 있는 식재료도 녹기 시작했다. 녹은 물이 아래쪽 물받이에 떨어져야 하는데 물이 아래쪽 모터 전선 쪽으로 흘렀다. 순식간에 합선이 됐고 불이 났다. 다행히도 손님이 먼저 말해줘서 물을 퍼다가 불을 끌 수 있었다. 냄새로 인해 손님들이 밖으로 잠시 나갔다가 환기 후에 영업을 다시 한 기억이 난다. 만약 퇴근 후에 화재가 났었다면 정말 상상도 하기 싫은 일이 일어났을 것이다.
그러한 이유로 바로 다음날에 일반 업소용 냉동고를 구입했다. 일반 냉동고는 모터와 전선이 위로 올라가서 합선의 염려가 없고 더운 곳에서도 온도의 변화가 적기 때문에 위와 같은 일은 잘 일어나지 않았다.
주류회사에서 주는 냉동고를 쓸 때는 통풍이 잘 되며 주변 온도가 낮은 곳에서만 효과를 잘 발휘한다. 이렇게 너무 밀폐되고 더운 곳에서 사용할 때는 반드시 일반 업소용 냉동고를 추천한다.

4장

불황속
장사 노하우 I
불황에 통하는 마케팅

정말 중요한 오픈 후 한 달!

가게를 오픈 하면 보통 한 달까지는 주변 동네 사람들이 '이곳은 어떤 가게인가?' 하고 궁금해서 가게에서 먹어보고 평가를 한다. 일명 '오픈빨'이라고 하는 이 기간은 많은 고객들이 한 번에 찾아와서 매출도 올라간다. 그러한 이 기간이 정말 중요한 시점으로 주변에 사는 많은 손님을 잡을 수 있는 기회다. 처음 온 고객님들께 신경만 잘 쓴다면, 방문하신 후 만족하신 손님은 다음번에도 다시 방문할 가능성이 엄청 높기 때문이다.

비슷한 맥락으로 말하자면, 우리 집 주변에 새로운 음식점이 생겼다. 그런데 친구와 이야기하던 중에 제가 "어? 여기 새로 생겼네? 언제 한번 가서 먹어봐야겠다"라고 말하니 그 친구가 "아! 거기 가지마! 나 가봤는데, 직원이 되게 불친절하고 음식도 엄청 맛없었어"라고 말했다. 그런 이야기를 들은 나는 가보고 싶은 마음이 사라졌다. 그래서 아직도 나는 그 집을 안 가봤다. 반대로 새로 오픈한 집이 있는데 음식도 엄청 맛있고 싸고, 친절하기까지 한다면 친구들끼리 이런 말을 할 것이다. "우리 회사 앞에 새로 생긴 음식점 있잖아. 오픈 했더라고. 너 가봤어? 나 가봤는데 정말 괜찮더라. 나중에 한번 꼭 가봐" 이런 말을 들은 친구는 어떨까? 당연히 가보고 싶다. 물론 음식점 장사라는 것이 장사 초반에만 이런 말을 듣고 장사를 오래 하고 있으면 이런 말을 듣지 않는 것은 아니다. 하지만 장사를 새로 오픈할 경우 그 가게에 대한 관심이 쏠리는 것은 사실이다. 그러한 관심 속에 가게 입장에서 좋은 어필을 해서 입소문을 타게 만들어야 한다.

오픈했는데 지인을 부르지 않는 게 더 좋다고?

안타깝게도 오픈 직후 가게를 어필 할 수 있는 기회를 주변 지인들로 인해서 놓치는 경우가 많다.

무슨 말일까? 보통 가게를 오픈할 때 많은 사람이 친구, 친척 등 아는 사람들을 오픈 날에 초대하는 경우가 많다. 굳이 초대를 하지 않더라도 '저 이번에 가게 차려요'라는 식으로 주변 사람들한테 말하면 주변 사람들이 '언제? 한번 가봐야겠네'라며 오픈 날 혹은 차린 지 얼마 되지 않아서 화분이라도 사오면서 축하의 의미로 많이들 '팔아주는' 목적으로 온다. 그런데 그렇게 지인들이 오는 것이 치명적으로 단골 고객 확보를 막을 수도 있다는 것을 알아둬야 한다.

우선 오픈한지 얼마 되지 않았을 경우는 냉장고에 어떤 재료가 있는지 위치도 잘 모르고, 익숙하지 않은 주방이라 주방 동선도 꼬이고 해서 음식이 늦게 나올 수밖에 없는 상황이다. 거기에 아는 지인분들이 멀리서 왔는데 모르는 척 할 수도 없는 노릇이다. 그러면 주방에 있다가 홀 밖으로 나가서 한 분, 두 분 인사를 드리다 보면 지인이 아닌 진짜 고객에게 소홀하게 할 수밖에 없다. 게다가 멀리서 왔다고 서비스까지 챙겨주면 옆에서 보던 진짜 고객은 자기는 대접을 못 받고 있다는 생각이 들기 일쑤다.

나 같은 경우는 가게를 차릴 때 지인한테 알리지 않고 차렸다. 물론 아주 가까운 사이는 이야기하지 않아도 가게 차리는 것을 알아 버렸지만, 그러한 경우에도 나중에 자리 잡히고 3~4개월 뒤에 와달라고 부탁했다. 그래서 부모님조차도 가게를 차리고 3개월 만에 첫 방문을 하셨다. 그리고 친구들한테 가게를 차렸다고 알렸는데 오픈할 때 안 알려주고, 왜 이제 알려주냐고 조금 실망하는 친구들도 있었지만 이런 이유로 우리 부모님도 3개월 만에 방문했다고 하면 다들 이해했다. 오픈했는데 부득이하게 지인이 오는 경우는 바빠서 신경을 많이 못 쓸 것 같다고 먼저 양해를 구하고 미안함을 표현하는 것이 좋다고 본다. 이처럼 지인을 부르는 것은 오픈빨이 끝나고 가게가 안정되는 3~4개월 후 부르는 것이 좋다고 본다.

무료 식사권과 10% 할인권

홍대에 오픈한 '하라빼꼬' 같은 경우는 위치상 유동인구가 많은 뚫린 골목이 아닌, 상대적으로 유동인구가 적은 막힌 골목에 가게를 차렸다. 그럼에도 불구하고 그 장소를 선택한 이유는 메인 골목처럼 월세가 말도 안 되게 비싼 것도 아니었고, 특히 깔끔한 건물임에도 무권리라는 메리트가 크게 작용했다. 메인 골목 한복판에 있는 것은 아니었지만, 나름대로 이점은 있었다. 골목 끝인 막힌 골목에 위치해있어서 숨은 맛집의 이미지도 부각 시킬 수 있었다. 그래도 홍대 상권의 특성상 엄청나게 많은 음식점이 즐비해 있어서, 가게가 오픈 했다는 어필이 필요했다.

나는 어필의 도구로 '무료 식사권'을 사용했다. 상권 상 관광객이 많은 상권이지만 지나다니는 사람에게 무작위로 '무료 식사권'을 나눠 주는 것은 일반 '전단지'와 큰 차이가 없다고 느꼈다. 길거리에서 무작위로 나눠주는 '전단지'는 받는 입장에서 '쓰레기'로 느껴지는 경우가 많다. 받자마자 몇 걸음 걷고 길거리에 버리는 경우가 태반이다. 그래서 길에 지나다니는 사람들에게 무작위가 아닌 주변의 집과 주변 상가를 공략했다. 관광객은 그 장소를 한번 오고 또 언제 올지 모른다. 하지만 집이나 상가의 상인은 매일같이 있는 장소이니만큼, 단골고객 확보로 이어질 확률이 높다. 그래서 주변의 집에 일일이 찾아다니며 초인종을 눌러서 새로 가게가 오픈했는데 한번 드셔보시라고 약도가 인쇄된 '무료 식사권'을 나눠줬다.

돈부리와 일본 라멘을 판매하며, 판매하는 모든 메뉴 중 한 가지를 드실 수 있다고 설명해드렸다. 주변 상가에도 마찬가지였다. 미용실, 안경점, 카페, 부동산, 학원, 제과점, 꽃집, 사무실 등에 앞서서 말할 설명과 함께 '무료 식사권'을 나눠줬다. 단 음식점은 제외했다. 음식점의 경우는 밖에서 사먹는 경우보다 가게에서 만들어 먹는 경우가 대부분이며 경쟁 업체 직원에게 '무료 식사권'을 나눠주는 것이 좀 안 좋게 보일 수 있어서이다. 나눠준 쿠폰 회수율을 따져 보니 나눠준 가게의 30%가 방문했다.

또한 별개로 가게 오픈 한 달 동안 모든 고객에게 사이드 메뉴 혹은 음료를 서비스로 드렸다. 물론 음식을 주문하기 전에 '무료 식사권'을 내밀며 "이거 지금 사용 가능한가요?"라고 물은 손님한테도 서비스를 드렸다. 공짜로 먹는데 '서비스를 또 준다고?'라고 생각할지 모르겠지만, 그때 당시 '무료 식사권'을 들고 있다는 것은 우리 가게를 처음 방문했다는 것이었고, 우연히 가게가 있어 들른 것이 아닌 일부러 찾아 왔다는 것이다. 그러한 손님께는 더 잘해야겠다고 생각해서였다. 그렇게 서비스까지 드리면, 대부분의 손님이 다시 찾아와준다. 또한 서비스까지 드리고 계산 후에는 10%의 할인권을 또 드렸다. 이렇게 하니 고객의 재방문 수가 점점 늘었다. 단골 고객이 빠르게 확보되기 시작했다. 바로 앞에 보이는 손실이나 이익보다 멀리 내다보며 고객의 재방문에 초점을 두는 것이 그만큼 중요하다.

SNS 마케팅? 이것도 무료 식사권으로

홍대에 아시는 분이 음식점을 먼저 하고 있어서 가게를 차리기 전에 물어본 적이 있다.

"사장님 그쪽은 상권이 어때요? 괜찮아요?"

"좋죠. 근데 초창기에 애 좀 많이 먹었어요…."

"어떤 부분이 가장 힘들었어요?"

"가게 앞에 사람들은 많이 지나다니는데 다들 핸드폰만 보면서 지나가더라고요… 왜 그런가 싶어서 유심히 보니 맛집 블로그나 SNS를 보고 그곳을 찾아가는 사람들이 너무 많더라고요."

"아. 그러면 거긴 SNS 홍보 같은 것도 해야겠네요?"

"네. 사람들이 목적의식을 가지고 가게를 찾아가는 손님들이 많아서… 오픈 초창기에는 그런 거 하는 것이 좋을 거예요."

팁을 얻은 후 개업하면 그런 것도 알아보고 해봐야겠다고 생각하고 SNS마케팅 회사를 몇 군데 알아봤다. 직접 만나서 상담을 받았는데 생각보다 금액이 상당했다. 키워드마다 금액이 다르지만 정말 터무니없는 가격을 부르는 업체도 있었다. 그래서 시후쿠 삼각지점과 신용산점은 고객들이 SNS를 많이 올려줘서 SNS 마케팅 회사에 돈을 내고 한 적이 한 번도 없었다. 얼마나 효과가 좋길래 그렇게 높은 가격을 책정했는지 모르겠지만 그 돈으로 차라리 고객한테 서비스하는 것이 낫다.

그러다가 '고객이 SNS에 올리면 무료 식사권을 나눠주면 좋겠다'고 생각하여 '하라빼꼬'의 오픈 후 두 번째 달은 'SNS 무료 식사권 이벤트'를 해보았다. 방식은 손님이 주문한 음식 사진과 함께 5가지 해시태그(#하라빼꼬, #홍대맛집, #상수맛집, #숨은맛집, #가성비갑)를 SNS에 올려주면 '무료 식사권'을 나눠 주는 방식이었다. 사실 SNS 이벤트는 여타 가게에서 흔하게 하는 이벤트이긴 하다. 하지만 보통 가게의 매출을 생각해서 사이드 메뉴 서비스나 음료 메뉴 서비스가 대부분이다.

또한 무료 식사권 같은 경우 추첨을 통해서 주는 경우가 많다. 그렇게 소소하게 드리면 매출에 대한 이익은 있어도 고객들의 입장에서 올리는 수고에 비해 얻는 이익이 적다고 생각하면 보통은 올리지 않는다. 그래서 과감하게 '무료 식사권'을 나눠줬다.

가게 분위기와 홍대의 상권 상 20대 초반 여자들이 주 타깃이었으며, 대부분 SNS를 하는 고객들이 많아서 많은 고객이 이벤트에 참여해주었다. 또한 SNS를 보고 왔다고 하는 고객들도 많아서 꽤 큰 효과를 봤다. SNS 마케팅 회사에 맡겨서 하는 것보다 우리 가게를 찾아주시는 진짜 고객에게 돈을 들이는 것이 고객 만족도는 훨씬 높아진다.

재미있는 가게!

세 번째 가게인 하라빼꼬는 가게를 하면서 두 가지를 계속 생각하면서 인테리어 및 가게 운영을 했다. 첫 번째는 '어떻게 하면 손님들이 재미있어할까?' 두 번째는 '어떻게 하면 손님들이 사진을 찍어서 SNS에 올려줄까?'이다. 인테리어를 하다 보니 에어컨 실외기가 상당히 거슬렸다. 딱

가게 안에서 인형이 밥을 먹고 있으면 재미있을 것 같아서 테이블에 밥상을 만들어 주고 인형 손에 숟가락을 붙여주어 밥을 먹는듯하게 만들어 놓았다.

'어떻게 하면 손님들이 재미있어 할까?'와 '어떻게 하면 손님들이 사진을 찍어서 SNS에 올려 줄까?'를 계속 생각하면서 인테리어 및 가게 운영을 했다.

히 보여주고 싶지 않은 물건인데 가게 입구 쪽에 딱 보이는 곳에 위치하고 있어서다. 나무판자로 가리려고 했는데 그냥 나무판자로 가리는 것이 아니라, 판자 위에 일본 애니메이션 캐릭터를 그려서 포토존을 만들었다. 또한 하라빼꼬는 반지하인데 지하의 특성상 손님들의 유입이 1층보다 상대적으로 적은 것이 확실하다. 그러한 부분을 줄이고 재미있는 요소를 높이기 위해 지하를 '토토로'라는 일본 애니메이션에 나오는 '고양이 버스'라는 캐릭터의 입으로 만들었다. 고양이가 입을 벌리고 있는 데 그 입속으로 들어가는 느낌이다. 애니메이션에서는 그 캐릭터의 눈이 전구처럼 빛나고 있는데 그것을 표현하기 위해 눈도 실제로 전구를 사용하여 빛나게 처리했다. 밖에 메뉴판 또한 그냥 메뉴판을 놓는 것보다 이목을 끄는 것이 좋다고 생각하여 토토로가 메뉴판을 들고 있는듯하게 표현했다. 가게 안에 있는 테이블 위의 전등도 재미를 주기 위해서 덮밥 그릇에 구멍을 뚫고 뒤집어서 전구를 넣어 만들었다.

가게 안에서 인형이 밥을 먹고 있으면 재미있을 것 같아서 테이블에 밥상을 만들어 주고 인형 손에 숟가락을 붙여주어 밥을 먹는듯하게 만들어 놓았다. 반 지하여서 밖에서 지나다니는 손님들이 창문을 보면 가게 안이 보이는데 지나다니는 많은 사람이 그 인형을 보며 웃었고, 사진도 많이 찍었다. 가게 안으로 들어와서도 많은 사람이 사진을 찍고 SNS에 올려주고, 그 인형과 합석하여 같이 먹는 손님도 있었다.

또한 장난감 인형 뽑기 기계를 사서 인형에 '고로케 서비스', '콜라 서비스' 등을 붙여 놓고 인형을 뽑으면 그 서비스를 주는 식의 이벤트도 진행했다. 반응은 좋았는데 방법을 설명해주고 테이블 당 연습게임 1번, 실전게임 1번의 형식으로 진행했는데 시간이 조금 오래 걸려서 바쁠 땐 할 수 없다는 단점이 있었다.

그래서 내가 어렸을 때 학교 앞 문방구에서 많이 하던 종이 뽑기 이벤트를 진행했다. 어렸을 때 한 번쯤은 해보았을 것이다. 큰 종이에 작은 종이가 반으로 접혀서 붙어 있고 한 개를 뽑아서 펼쳐보면 상품이 나오는 뽑기 말이다. 거기에도 마찬가지로 '무료 식사권', '10% 할인권', '사이드 메뉴 서비스', '꽝' 등을 적어 놓았다. 꽝이 나왔어도 뽑은 종이와 음식 사진을 함께 SNS에 올려주면 '10% 할인권'을 드리는 식으로 진행했다.

불황인데 마감시간 때문에 오는 손님을 받지 않는다고?

지금 운영 중에 있는 시후쿠는 마지막 주문을 10시30분에 받는다. 그런데 10시30분은 조금 넘기고 오는 분들이 계신다. 나는 주방 마감 시간 이후는 손님을 받지 않는다. 그런데 10시 30분 이후에 오시는 분들이 하루에 2팀~4팀 정도 된다. 2팀이라고 가정했을 때 1팀당 3만 원씩만 계산해도 1달이면 180만 원이고 하루에 3팀씩만 받아도 270만 원이다. 이 부분을 아깝다고 여기는 사람도 꽤 많다. 그래서 장사를 하는 사장 입장에서는 한 팀이라도 더 받기 위해서 애를 많이 쓰신다.

'오늘 끝났다고 안 된다고 하면… 이 손님이 마음 상해서 다음부터 안 오시면 어쩌지?' 하고 말이다. 하지만 왔다가 가게 문이 닫혀서 못 오신 경우는 보통 다시 오신다. 그렇다고 '다음번에 어차피 오시니까 안 받지 뭐…'라고 말하는건 아니다. 그 보다 가게 마감 후에 손님을 받았을 때 끼치는 영향에 대해서 말하고자 한다. 여기서 사장이 직원들과 같이 장사 할 때와 사장이 주방도 보며 혼자 장사 할 때를 비교해서 말하자면 이렇다.

내가 일하던 예전 가게 사장님 이야기를 잠시 하면, 마감 시간과 관계없이 손님이 들어와서 "지금 끝났어요?"라고 물으면 "아뇨! 괜찮습니다. 들어오세요! 여기 주방! 요리되지?!"라고 소리를 친다. 그럼 우리는 주방에서 "네! 가능해요!"라고 한다. 손님을 우선 모셔 놓았는데, 거기에 사장님이 "가능하지?"라고 묻는데 "아뇨! 안되는데요!"라고 하는 직원이 어디 있겠는가? 그러나 주방을 다 정리 한 후에 손님을 받으면, 정리했던 음식재료를 다 꺼내야 하고 씻어놓았던 주방 도구들도 다시 다 씻어야 한다.

결과적으로 직원들은 집에도 늦게 가게 되고 기분 좋게 일을 할 수가 없다. 이것이 일 년에 한두 번 있는 일이면 직원들도 이해한다. 그런데 이런 일이 하루, 이틀 잦아지면 직원들의 '사기 저하'에 큰 영향을 끼친다. 마감 후 손님을 받을 때 마다 '아… 사장님 또 손님 받았네…'라면서 직원입장에서 화가 난다. 그렇게 되면 사장한테도 불만이 나오고 직원들도 금방 그만두고 손님한테는 불친절해질 수밖에 없다.

그러면 사장 혼자 주방도 보고 홀도 보는 경우 혼자서 가게를 운영하는 경우도 말해보자. 아는 지인 중에 혼자 가게를 하는 분이 있는데, 그 분 이야기를 하려고 한다. 마감 중에 손님이 들어와서 "끝났어요?"라고 물었다. 그래서 '한 팀이라도 더 받자 저 팀만 받고 마감하지 뭐'라는 생각에 "아뇨! 어서 오세요. 메뉴판 드릴게요" 하면서 손님을 받았다고 한다. 그런데 그 테이블 음식이 다 나가고 주방을 다시 정리하려는데 또 한 팀이 들어 왔다고 한다. 그래서 '이왕 이렇게 된 거… 저 팀도 받지 뭐… 어차피 먼저 들어온 팀 나갈 때까지 집에 못 가는데' 하고 그 다음 팀도 받았다는 것이다. 그러니 가게에 2팀이 앉아있으니 지나가던 사람도 여기 아직 하나 봐 하고 들어 왔다. 그렇게 그 시간에 왔던 손님들은 "오늘도 되죠?" 하면서 또 그 시간에 왔다. 그래서 처음에는 '하루에 몇 팀씩만 더 받아도 매출이 좀 늘겠는 걸?'이라는 생각이 들었다고 한다. 그 집도 우리 가게와 같이 점심 장사도 했는데 아침 10시에 출근해서 밤 10시에 마감하고 11시에 퇴근이었다. 그렇게 마감 시간 이후에 손님을 한 팀, 두 팀 받다 보니 마감하고 집에 갈 때쯤 보니 새벽 2시, 3시가 되더란다.

결과적으로 하루에 16시간, 17시간을 일하게 된 것이다. 그렇게 한 달, 두 달을 일하니 몸이 너무 피곤하고 피곤하니 일이 즐겁지 않더란다. 그런 피곤 속에 일하니 손님이 "음식 안 나와요? 언제 나와요?"라고 조금이라도 트집을 잡으면 짜증이 나서 "바로 나오니까! 좀 기다리세요!"라는 본인의 모습을 봤다고 한다. '어?! 이러면 안 되는데'라고 머리는 생각을 하면서도 몸이 피곤하니까 친절한 서비스가 결과적으로 안 나온다. 이렇듯 '친절'이라는 것은 좋은 컨디션에 마음이 즐거워야 자연스럽게 나오는 것이다. 이처럼 한 달, 두 달 매출만 보았을 때는 마감 시간을 어기고 손님을 받았을 때 더 많이 가져가는 것처럼 보인다. 실제로도 더 가져갈 것이다.

하지만 음식점의 본질, 서비스업의 본질로 돌아갔을 때 고객님께 친절한 서비스를 하지 못한다면 본인 몸이 피곤해서 즐겁지 않다면 가게를 지속시키고 고객을 만족하게 하는 것이 힘들다는 것을 알아둬야 한다. 단기적인 수입과 장기적인 가게유지 중 어느 것이 더 중요한지는 말씀드리지 않아도 알 것이다.

메뉴판의 중요성, 사진의 중요성

메뉴판은 음식을 어필 할 수 있는 도구다. 엄청 맛있는 신메뉴를 만들었어도 손님이 주문하지 않으면 말짱 꽝이다. 우선 한식의 경우는 이름만 적어놓아도 손님이 보고 무슨 음식인지 대번에 알 수 있다. '돼지고기 김치찌개'라고 적어 놓기만 해도 된다. 그런데 한식을 제외한 외국 음식의 경우는 메뉴 이름만 보고 무슨 음식인지 알기가 힘든 것이 많다.

우리 가게 메뉴 중에 '아부리 챠슈'라는 메뉴가 있다. 삼겹살을 간장소스로 삶아서 토치로 구워내는 요리인데, 이름만 들어서는 잘 모른다. 그래서 필요한 것이 사진이다. 사진이 있으면 설명으로 부족한 부분을 많이 채워준다. 가끔 어떤 가게를 보면 외국 느낌을 내기 위해서 메뉴판

메뉴판에 사진이 있으면 설명으로 부족한 부분을 많이 채워준다.

이 거의 외국어인 경우가 있다.

한번은 신사동에 있는 수제 햄버거 가게를 갔는데 메뉴판에 한국어는 하나도 없고 온통 영어뿐인데다가 사진도 없었다. 물론 햄버거집이라서 bacon, potato 등 쉬운 단어 위주로 있었지만, 영어를 일일이 읽기도 힘들뿐더러 중간중간 모르는 단어도 있었다. 그래서 한국메뉴판 없냐고 물어보니 없다는 것이었다.

가게 콘셉트가 외국에 온 듯한 느낌을 주기 위해서 그렇게 한 것 같았다. 이 부분은 사람마다 다르겠지만 나는 불편하게만 느꼈다. 또 얼마 전에 직원이 나한테 "이번에 라멘가게 갔다 왔어요"라고 해서 "어땠어?"라고 하니 "메뉴판이 다 일본어더라고요. 그나마 아래에 작게 한국어로 메뉴 이름만 적혀 있었는데 짜증났어요"라고 했다. 이것 또한 메뉴판을 만든 사람은 '이렇게 하면 일본 느낌 나겠지? 손님들이 보면 신선한 충격 일거야?'라고 생각하면서 만들었을 것이다.

하지만 고객 입장에서 불편하고 짜증나면 끝이다. 좀 더 고객 입장에서 봐야 한다. 메뉴판을 너무 어렵게 만들면 안 된다는 것이다. 사진 또한 맛있게 찍어야 판매율도 높아진다. 실제로 신메뉴로 낸 음식이 안 나간 적이 있었다. 그 메뉴 사진은 조금 어둡게 나왔었는데, 그래서 안 나가나 싶었다. 맛있어 보이게 사진을 다시 찍고 메뉴판을 새롭게 만드니 잘나가는 것이었다.

또 중요한 것은 가게 음식은 메뉴 사진과 같은 비주얼로 나와야 한다. 사진은 꽃게 한 마리가 들어가 있는데 실제로 나온 음식은 킹크랩이 나왔다? 이런 경우는 없지 않은가? 보통은 메뉴판의 사진을 맛있게 보이게 하려고 사진에는 이것저것 많이 넣고 찍고 실제로는 사진보다 저렴한 재료를 넣는다든지 재료를 뺀다든지 한다. 그리고 '상기 이미지는 실제 메뉴와 다를 수 있습니다'라는 문구를 하단에 작은 글씨로 적어 놓는다. 사진은 맛있어 보이니 메뉴는 잘나갈 수 있겠다. 하지만 손님이 사진이 맛있어 보여서 시켰는데 전혀 다른 비주얼의 음식이 나오면 가게에 대한 배신감을 느낀다. '속았다! 당했다!'는 안 좋은 감정을 갖게 된다.

즉, 가게에 대한 안 좋은 감정이 생긴다는 것은 재방문 확률도 그만큼 줄어든다는 소리와 같다.

인기 있는 주력 메뉴는 표시해라!

만약 가게에서 인기 있는 주력 메뉴가 있다면 손님들이 알 수 있도록 표시를 해놓는 것이 좋다. 만약 가게에서 사케동(연어 덮밥)이 잘나간다면 옆에 '인기!'라고 붙여놓는 것이다. 아니면 인기 있는 메뉴판만 따로 제작해서 앞장에 놓아도 된다. 처음 온 손님들은 이 가게에서 잘나가는 것이 무엇인지 궁금해한다. 실패 없이 맛있게 먹고 싶기 때문이다.

가끔 이런 경우가 있다. '나 저번에 네가 말한 그 집에서 김치찌개 먹었는데 별로였어', '야! 거기서 김치찌개를 먹으면 어떡해? 거긴 된장찌개가 정말 유명한 집인데! 블로그도 안 찾아 봤어?'라고 말이다. 물론 가게

중요한 것은 가게 음식은 메뉴 사진과 같은 비주얼로 나와야 한다.

가 조금 유명하면 블로그에 주력 메뉴가 나오긴 한다. 하지만 블로그까지 일일이 찾아가면서 먹는 손님도 있지만 그렇지 않은 손님도 많다. 또한, 가게 입장에서도 처음 온 손님이 맛있게 먹고 가야 재방문을 유도할 수 있다. 손님 입장에서 주력 인기 메뉴를 쭉 먹어봤는데 다 맛있다가 다른 메뉴를 먹었는데 맛이 별로인 경우에는 '이 집은 다른 건 다 괜찮은데 이건 내 입맛에 잘 안 맞네? 다음에 왔을 땐 그냥 저번에 먹은 것 먹어야겠다!'라고 생각한다. 하지만 주력 인기 메뉴가 아닌 다른 음식부터 먹어봐서 맛이 없는 경우는 다시 오지 않을 가능성이 크다.

음식점은 첫 방문이 그만큼 중요하다. 보통 처음 가서 먹었는데 맛없으면 '이 집은 맛없네!'라고 한다. '오늘 먹은 메뉴는 맛이 없었지만, 다른 메뉴는 기가 막히게 맛있을지도 몰라! 다음에는 다른 메뉴 먹어봐야지!'라고는 안 한다.

신메뉴판은 작업이 편한 것으로 해라

신메뉴판을 개발하면 그것을 사진 찍고 바로 메뉴판으로 만들 수 있어야 한다. 즉, 작업이 편해야 한다. 메뉴판 전문 업체에 맡길 수도 있겠지만 그만큼 비용이 들어간다. 다른 방법으로는 메뉴판을 손으로 쓰면서 본인만의 스타일을 내는 방법과 본인이 직접 컴퓨터로 작업하는 방법이 있다. 나는 손으로 작업한 메뉴판도 있고 컴퓨터로 작업한 메뉴판도 있다. 아무래도 컴퓨터보다는 손 글씨가 느낌은 더 좋다. 메뉴판에 인간미가 느껴진다. 그런데 문제는 메뉴판이 10개라면 신메뉴 1개만 만들어도

10장을 써야 한다는 수고가 들고 시간이 오래 걸린다는 단점이 있다. 그런데 손 글씨로도 빠르게 할 수 있는 방법은 있다. 1장만 예쁘게 손 글씨를 쓰고 그것을 스캔을 해서 인쇄를 하면 된다. 메뉴 사진은 인쇄해도 되고, 사진으로 인화해서 붙여도 된다. 컴퓨터로 하는 경우는 처음에만 힘들고 다음번에 작업 할 때는 수월하게 된다. 예쁜 글씨 폰트를 찾아서 작업한 후에 사진을 넣고 인쇄를 하면 되는데 다음부터는 메뉴명, 사진, 설명, 가격만 바꿔서 인쇄하면 되기 때문이다. 사진인쇄를 집에서 하면 색감이 예쁘게 안 나와서 나 같은 경우는 인쇄소에서 인쇄를 맡긴다. 물론 메뉴판 업체 한 군데를 선정해서 모든 것을 진행해도 된다. 그런데 본인이 조금 시간을 투자해서 작업할 것인지, 돈을 투자해서 시간을 아낄지는 선택하면 된다.

대기업은 메뉴 하나 나오는데도 여러 가지 절차를 거쳐서 나오기 마련이다. 우리 같은 작은 가게를 그것을 이용해야 한다. 아이디어가 있으면 바로 실행에 옮겨야 한다. 유행이라는 것이 짧게 치고 지나가는 경우가 있어서 그때그때 신메뉴를 바로 낼 수 있어야 한다는 말이다.

나의 경험상 신메뉴를 개발했는데, 추진력 있게 바로 메뉴판을 진행하지 않았을 때는 결국 신메뉴가 안 나오는 경우가 많았다. 작은 가게의 장점을 살려서 추진력 있게 진행해야 신메뉴도 많이 나오게 된다. 그러기 위해서는 작업이 편한 방법을 찾아서 추진력 있게 진행해야 한다.

입식테이블을 놓을까? 좌식테이블을 놓을까?

식당의 테이블은 보통 2종류로 나뉜다. 방바닥에 앉는 좌식테이블과 테이블에 의자를 놓고 앉는 입식테이블이다. 그럼 우리 가게에는 어떤 테이블을 놓아야 할까?

우선 좌식의 장점을 보자. 방바닥에 앉아서 먹는 좌식테이블이 있는 식당은 할머니 집에서 먹는 듯한, 편안함을 느낄 수 있다. 또한 분위기에 따라서 룸처럼 만들면 고급스러운 이미지도 줄 수도 있다. 그리고 어린 아이를 둔 가족 단위 고객을 확보할 수 있다. 그럼 단점은 뭘까? 가장 큰 단점은 일하는 사람이 힘들다는 것이다. 음식을 나갈 때와 치울 때마다 무릎과 허리를 굽혔다 폈다 하는 것이 서서 일하는 것보다 체력 소모가 2~3배는 더 들어간다. 테이블 한 개만 해보면 잘 느끼지 못하지만 여러 개의 테이블을 하루 종일 하고 있다면 큰 차이를 느낄 수 있다. 그만큼 손님들이 일어나는 속도도 늦고 치우는 속도도 늦으니 회전율 또한 늦어진다. 테이블 회전율이 생명인 작은 가게에 밥집이라면 테이블을 좌식으로 넣는 것보다 입식으로 하는 것이 좋다. 하지만 주변 상권이 가족 고객이 많은 상권이라면 테이블 2개 정도는 좌식을 넣는 것이 오히려 좋다. 어린아이를 둔 가족 고객을 확보할 수 있기 때문이다. 나도 4살짜리 쌍둥이 아들이 있는데 처음 가보는 음식점에 가기 전에 반드시 문의했던 내용이 좌식이 있는지 없는지 여부였다. 물론 4살이 된 지금은 입식도 괜찮지만 그보다 더 어렸을 때는 좌식이 없다면 애들과 밖에서 음식을 먹는다는 것은 상상도 못 했다. 입식 테이블의 의자는 아기가 떨어질 위험도 있을뿐더러, 아이가 돌아다니는 것을 부모가 콘트롤하기 힘들다. 그래서 음식점에 좌식 테이블이 1~2개 정도 있으면 가족 고객 확보에 큰 도움이 된다. 물론 아기 의자를 가져다 놓으면 해결되지 않나? 라고 생각할 수도 있겠다. 아기가 어느 정도 크면 그 부분은 해결되지만 좌식으로 하면 그보다 더 어린 아이를 둔 가족 고객 확보에 도움이 된다.

'시후쿠 삼각지 본점' 같은 경우는 입식 12개와 좌식 2개의 테이블로 구성되어있는데 어린 아기를 둔 가족 손님이 오시면 대부분 좌식을 원한다. 그리고 실제로 시후쿠에는 가족 손님이 많이 온다.

하지만 상권에 따라 다르다. 가족 고객이 없다고 판단되는 상권에는 굳이 좌식 테이블을 놓지 않아도 된다. 인테리어 시 좌식테이블을 만들려면 입식 테이블에 비해 돈도 많이 들고 자리도 많이 차지한다. 이번에 차린 '하라빼꼬 홍대 본점'은 좌식을 한 개도 넣지 않았다. 홍대라는 특성상 젊은 친구들이 대다수 손님이 될 것이라고 판단했기 때문이다. 그리고 여자의 손님의 경우 치마를 입거나 부츠를 신는 경우에는 좌식을 꺼려하는 경우가 많다. 입식의 장점은 좌식의 단점과 상반된다. 즉, 회전율이 빠르고, 직원이 일하기 편하다는 점이다. 직원이 일하기 편해야 서비스도 좋아지고 매출 향상에 도움이 된다.

결론은 차리려는 가게가 작은 가게라면 입식테이블 위주로 하며 가족 고객이 있다면 두 테이블 정도는 좌식테이블을 놓으면 좋다. 하지만 상권 상 가족 고객이 없을 것이라고 판단되면 모두 입식으로 놓는 것을 추천한다.

새벽시장과 유통회사를 쓰는 것. 어느 쪽을 선택할까?

내가 알고 있는 A와 B씨를 소개 하려고 한다. 식재료는 새벽시장에서 직접 장봐야 한다는 A씨와 식자재는 유통회사에서 납품받는 것이 더 낫다는 B씨 과연 누구의 말이 더욱 합리적인가?

A씨가 직접 시장으로 나가는 가장 큰 이유는 가장 신선한 재료를 구하기 위해서라고 한다. A씨도 처음에는 식자재 유통회사에서 납품을 받았다고 한다. 그런데 출근해서 보면 본인의 기준에 못 미치는 생선들이 납품되어 있었다. 그러다 보니 반품이 잦아지고 일에 지장이 생길 수밖에 없었다고 한다. 또한 요리사로서 재료를 보는 눈썰미를 키우며 그때그때의 재철 재료를 파악하기 위해서는 시장에 나가봐야 된다고 한다.

그러나 B씨는 그와 반대 입장이었다. B씨도 처음에는 새벽시장을 고수했다. 밤늦게 주방 일이 끝나고 새벽에 일어나서 시장에 가서 식재료를 구입하고 식당에 나른 뒤 식당에서 장사를 하려는데 몸이 너무 피곤하다는 것이다. 그래서 들어오시는 손님에게 기어가는 목소리로 "어서 오세요"라며 피곤하고 힘없는 자신의 모습을 봤다고 한다. 일한 땐 파이팅 넘치게 "어서 오세요!!"라고 하며 힘차게 주방 일을 시작해야 하는데 그게 안 되는 것이었다. 이렇게 하다가는 손님이 다 떨어지겠다는 생각이 들어서 이제는 새벽시장을 그만두고 식자재 유통회사를 쓴다고 한다. 새벽시장에 쏟을 에너지로 손님한테 집중하는 것이 낫다는 입장이다.

'요리사의 입장으로 식자재에 더욱 신경을 써야 한다'는 A씨와 '서비스인의 입장으로 고객서비스에 더욱 신경을 써야 한다'는 B씨 중 누가 성공했을까? 정답은 '둘 다 성공했다'. A씨는 미스터 초밥왕으로 알려진 '안효주'씨다. B씨는 요즘 TV에도 자주 나오는 '백종원'씨다. 결국 어느 쪽이 정답이라기보다 '어느 부분에 더 나의 에너지를 쏟을까?'를 생각해 보면 된다. 나는 고객서비스에 더욱 신경을 써야 함을 느껴서 현재 식자재 유통회사에서 납품받고 있다.

새벽시장과 식자재 유통회사 중 어느 쪽이 더 쌀까?

그럼 여기서 많은 분께서 궁금해하시는 부분 중에 하나가, 과연 '어느 쪽이 더 쌀까?'이다. 불황에 사업을 함에 있어서 식자재비 절감은 필수

요소다. 아낄 수 있는 것은 최대한 아껴야 한다.

'이 질문은 너무 당연한 거 아니야?'라고 생각할 수도 있다. '본인이 직접 발품 팔아 시장에서 사면 싸고, 식자재 유통회사에서 사면 중간마진으로 더 비싸겠지'라고 보통 생각한다. 하지만 어느 쪽이 더 싸고 어느 쪽이 더 비싸다고 단정지어 말할 수 없다. 품목마다 다르며, 사는 양마다 다르다. 식자재 유통 업체는 개인과 달리 구매하는 양이 우선 훨씬 많기 때문에 개인보다 더 저렴한 가격에 구입할 수 있다.

보통 새벽시장 경매로 식자재를 구입하기 때문에 식자재 유통마진을 생각해도 결국 비슷한 가격이나 더 싼 가격으로 들어오게 된다. 하지만 본인이 사업을 크게 하여 물량을 대량으로 받으며 거기에 새벽시장 경매까지 한다면 이야기가 달라지기는 한다.

식자재를 좀 더 저렴하게 받는 법은?

그럼 새벽시장을 선택할 것인지 식자재 유통회사를 할 것인지를 정하고 더 싸게 받는 방법에 대해 생각도 해보셔야 한다. 우선 새벽시장을 선택했다면 직접 경매를 참여하는 것도 생각해보고, 아니면 시장 상인한테 가게에서 왔다고 하면 더 싸게 준다. 가게에서 사면 가게 크기마다 달라지겠지만 보통 장을 보는 어머니들보다 물량도 많고 계속적인 거래가 있기 때문이다.

반대로 식자재 유통회사에서 납품을 받아도 싸게 받을 수 있는 방법은 있다. 나는 식자재 유통회사를 쓰기 때문에 이 부분에 대해서 좀 더 말하고자 한다. 식자재 유통회사를 쓸 때도 한곳에서 모두 받는 것이 아니라 각 식자재별 전문유통회사에서 따로 받는 것이 더욱 저렴하게 받을 수 있다.

예를 들면 간장, 고추장, 설탕 등 공산품은 공산품 전문 유통회사에 부탁하며 양배추, 당근, 양파 등은 채소전문 유통업체에, 연어는 연어 전문 유통업체에, 닭고기는 닭고기 전문 유통업체에 부탁하는 등 각각의 식자재의 전문 유통 업체에 부탁하는 것이 비용이 적게 들어간다.

각각의 전문 유통회사에서 납품받을 때의 장점은 가격이 좀 더 저렴해진다는 점이고, 단점은 유통업체가 많으면 많을수록 발주 넣는 것이 힘들어진다. 한곳에 이메일로 발주 한번을 넣을 것을 공산품 유통회사, 채소 유통회사, 연어 유통회사, 닭고기 유통회사 등 다 따로따로 발주를 넣어야 하니 힘들어 진다.

반면에 종합 유통회사에서 납품받을 때 단점은 전문 유통회사에 비해 가격이 조금 비싸다는 점이고, 장점은 식재료의 발주(주문을 넣는 것)가 편하다. 공산품, 해산물, 육류, 냉동식품 등 모든 것을 한 번에 주문할 경우의 편한 것도 편한 것이지만, 발주 넣는 유통업체가 한곳이니만큼 식자재 주문을 깜빡해서 주문을 넣지 못할 경우가 드물다. 혹여나 발주 자체를 잊어버리고 주문을 하지 않은 경우 "오늘 주문 없나요?"라고 연락이 온다. 평소에 그렇게 이것저것 많이 시키다가 주문이 없으니 유통회사도 '깜빡했나?'라고 생각해서 전화를 해주는 것이다.

싸게 받을까? 효율적으로 받을까? 선택은 여러분의 몫!

결국 이 부분은 여러분이 선택해야 한다. 조금 귀찮아져도 싸게 받을지, 아니면 효율적으로 받을지를 말이다. 내가 생각하는 가장 좋은 베스트는 종합 유통회사 한곳을 정한 후 가격을 알아보시고, 각각의 전문 유통회사의 가격 또한 알아보고 종합 유통회사와 협의를 하는 것이다. 솔직하게 말하면 된다. "제가 돼지고기 전문 유통회사에 알아봤더니 돼지고기가 이 가격입니다만, 그 가격에 맞춰 줄 수 있습니까?"라고 말이다. 그러한 질문에는 여러 가지 대답들이 돌아올 수가 있다. "그 가격에는 도저히 맞춰 드릴 수가 없을 것 같아요. 그 가격이 저희가 받아오는 가격과 같아요"일 수도 있고 "네, 알겠습니다. 저희가 마진율을 최소로 잡고 사장님께 그렇게 드릴게요. 저희한테 모두 시켜주세요"라는 대답이 돌아올 수도 있다.

종합 유통회사에서 전문 유통회사 가격으로 가격을 맞춰 줄 수 있다면, 편리성이나 효율성을 따졌을 때 굳이 전문 유통업체만을 고집하지 않으셔도 된다. 하지만 종합 유통업체와 전문 유통업체랑 비교했을 때 가격 차이가 너무 많이 난다면 조금은 귀찮더라도 전문 유통업체에 부탁하는 것이 맞다.

식자재 유통업체에서 납품을 받더라도 요리사로써 식재료에 대한 안목을 키우고 싶다면, 한 달에 한두 번 정도는 시장에 나가서 직접 돌아다녀 보는 것도 자기 발전에 큰 도움이 될 것이라고도 생각한다. 시장에 가끔 나가면 계절별로 어느 식자재가 제철인지도 알 수도 있다. 또한 음식에 대한 영감들이 떠오를 수도 있고 그것이 신메뉴 개발에도 이어질 수도 있는 가능성도 있어서 요리사의 역량을 키우기 위해서는 가끔 시장에 나가보는 것을 추천한다.

찾기 힘들었던 거래처

사실 가게를 차리면 가장 막막한 것 중 하나가 거래처이다. 싸고 좋은 재료를 구비해놓거나 가져다줄 수 있는 거래처를 찾아야 하는데 어디서 어떻게 찾아야 하는지가 막막하다. 결국 직접 시장을 돌아다니며 거래처를 뚫는 방법과 인터넷으로 검색하여 전화해보며 본인의 가게에서 쓰는 식재료가 있는지 확인하며 물어보는 방법밖에 없다. 그래서 본인이 차리는 가게 위치가 서울·경기권의 지역이라면 도움이 될 수 있을 것 같아 나의 거래처를 소개하고자 한다.

종합 유통업체

상호명 : 우정 SKY

업체 설명 : 야채, 육류, 냉동식품, 공산품 등 모든 것을 납품하는 종

합 유통업체이다. 주로 일본식 식자재를 다루고 있어서 본인의 가게가 일본식 식당이나, 선술집을 차리고자 한다면 대부분의 식재료를 공급 받을 수 있으며, 일본식 식자재의 재품 문의도 빠르게 답변을 얻을 수 있다. (같은 종합 유통업체도 일본식 전문이 아닌 경우는 식자재 자체를 모르는 경우가 많이 있어서 일일이 설명하는 것이 힘이 들 때가 많다.)

- 주소 : 서울특별시 송파구 양재대로 932 업무동 1013호
- 전화번호 : 070-8236-2894

공산품 도,소매업체

상호명 : 한상 코퍼레이션

업체 설명 : 설탕, 간장 등 공산품을 주로 다루는 도, 소매 업체이다. 공산품 전문인지라 공산품은 여타 다른 할인마트나 시장보다 저렴한 가격으로 공급 받을 수 있다. 가까운 지역이 아니면 배송은 다소 힘들 수 있으나 배송 가능여부는 문의를 해보는 것이 좋을 것 같다. 하지만 공산품의 특성상 유통기간이 긴 만큼 직접 방문하여 많은 양을 한 번에 사놓고 가게 창고에 비치 해두어도 좋을 듯하다. 사업자뿐 아니라 일반인도 출입이 가능하며 소량 판매도 가능해서 가정에서 공산품 살 일이 있을 때 이용해도 좋을 듯하다.

- 주소 : 서울특별시 용산구 백범로 90라길 51
- 전화번호 : 02-715-0973

연어 전문 유통업체

상호명 : 다올 유통

업체 설명 : 생 연어를 전문적으로 다루고 있어서 가게에 연어를 사용한다면 매우 저렴한 가격으로 연어를 공급 받을 수 있다. 발주는 전날 저녁에 발주를 넣으면 다음날 아침에 배송을 받을 수 있다. 서울, 경기 및 인근 지역은 배송 가능하며, 타 지역은 문의해보는 것이 좋을 듯하다.

- 주소 : 서울특별시 동작구 양녕로 22다길 5, 2층(상도동)
- 전화번호 : 010-2493-9415

종합 주류 유통업체

상호명 : 충무주류

업체 설명 : 국산 맥주, 수입맥주, 일본 사케, 양주, 소주 등 모든 주류를 통합해서 유통하는 종합 주류 유통업체이다. 종합 유통인지라 여러 회사의 사케를 종합적으로 사용하기에 배송 및 발주가 편리하다는 장점이 있다. 발주는 그날 오전에 발주하면 그날 오후쯤에 배송된다. 서울·경기 뿐 아니라 천안도 배송이 가능하다고 하니 서울 인근 지역이라면 배송문의를 해보아도 좋을 것 같다.

- 주소 : 서울특별시 용산구 한강대로 62나길 7
- 전화번호 : 02-795-2121

일본사케 전문업체

상호명 : 월드엘앤에프

업체 설명 : 일본에서 사케를 수입하여 판매하는 수입 판매원이다. 직접 수입하여 판매하기 때문에 합리적인 가격으로 사케를 구입 할 수 있다는 장점이 있다. 병사케와 팩사케 뿐 아니라 일본 소주, 과일슈도 취급하고 있다. 자사에서 수입한 제품만 구비하고 있어서 사케의 종류에는 다소 제한이 있을 수 있다.

- 주소 : 서울특별시 구로구 오리로 22다길 40
- 전화번호 : 1644-9277

사케 전문 수입 판매원

상호명 : 니혼사케

업체 설명 : 일본에서 사케를 수입하여 판매하는 수입 판매원이다. 직접 수입하여 판매하기 때문에 합리적인 가격으로 사케를 구입 할 수 있다는 장점이 있다. 고베 나다고고의 명주를 중심으로, 각 지방의 우수한 지자케(地酒), 일본 소주, 매실주, 사와에 이르기까지 다양한 제품이 있다. 자사에서 수입한 제품만 구비하고 있어서 사케의 종류에는 다소 제한이 있을 수 있다.

- 주소 : 서울특별시 종로구 대학로 14길 12 지하1,3층 (혜화동)
- 전화번호 : 02-744-9424 야간문의 전화 : 02-742-6691

5장

불황속 장사 노하우 II
불황에 맞는 동업 창업

친하지 않은 사람과 동업을 해라?

가게를 차리기 전에 있었던 일이다. 내가 실장으로 있을 때 같이 일하던 동료 직원분이 이렇게 말했다. “저랑 같이 동업하실래요?” 저는 “하하… 제가 돈이 많지가 않아서요…”하고 웃어넘겼다. 그런데 그 직원분이 농담 아니니까 진지하게 생각해보라고 했다. 그 말을 들은 것은 26살 때였다. 20살에 요리 대학을 들어가서 21살부터 일식집에 취업을 나간 케이스여서, 요리를 일찍 시작하였지만 그래도 아직 창업하기에는 경험이 부족하다고 여겼다. 게다가 ‘서울 한복판에 가게를 내는데 돈이 한두 푼 드는 것도 아닐 텐데… 서울에서는 권리금 값만도 억! 억! 한다던데…’라고 생각했다. 그런데 얼마 뒤에 그 직원이 가격이 괜찮게 나온 가게가 있는데 생각해봤냐고 물었다.

14평 가게였는데 가격을 물으니 보증금 1천만 원에 월세 120만 원 권리금 3천만 원이라고 했다. 그리고 지금 우동가게를 하고 있어서 주방은 따로 인테리어하지 않아도 되고 화장실도 그대로 써도 된다는 것이다. 홀 좀 손보고 외관만 간단하게 인테리어하면 1천5백만 원 정도로 인테리어를 끝낼 수 있을 것 같았다. 그럼 5천5백만 원에 가게를 차릴 수 있다는 소리인데 동업이니 한 사람당 2천8백만 원 정도만 투자하면 된다. 생각했던 것보다 현실 가능한 금액으로 서울에서 가게를 차릴 수 있다는 것에 놀랐다. 조금만 더 저렴했으면 정말 좋겠다는 생각이 들었지만, 모아둔 돈이 그 정도는 있었기에 마음이 흔들렸다. 그래도 2천8백만 원이라는 돈이 적은 돈이 아니기에 많은 고민을 했다. '이거 했다가 망하면 보증금 빼고 2천3백만 원가량 날리는 건데 어떡하지?'하고 말이다. 그런데 같이 동업하자고 하는 직원이 나보다 나이도 7살이나 많고 가게를 4개나 차렸던 경험이 있었다.

나는 요리만 배워왔지 가게를 '어떻게' 차리는지 그 '방법'을 몰랐다. 그때 당시 나이가 어려서인지 돈이 있어도 가게 차리는 데 필요한 서류작업이라든지 가게 계약이나 인테리어 등 너무 막막해서 가게를 차려 본 경험이 많은 직원이니, 설사 가게가 망한다고 한들 2천3백만 원보다 더 큰 것을 배울 수 있을 것이라고 생각하고 동업을 하기로 했다. 그 우동집에 들어갔는데 이야기가 잘 돼서 권리금도 1천만 원 깎아서 2천만 원으로 했다. 인테리어공사를 해보니 인테리어 및 기타 모든 물품해서 1천2

백만 원 들고, 보증금 1천만 원, 권리금 2천만 원 들여서 총 4천2백만 원으로 삼각지에 시후쿠 본점을 차렸다. 그렇게 지금 동업으로 5년 반이 흘렀다. 가게는 시후쿠 삼각지 본점, 시후쿠 신용산 점, 하라빼꼬 홍대 본점으로 3개로 늘어났고 전부 동업으로 하고 있다.

주변에서는 동업으로 실패하는 사례가 많아서 동업을 안 좋게 보는 경우가 많다. 많이들 싸우고 가게를 접기 때문이다. 우리는 5년 반 동안 가게를 운영하면서 싸운 적이 없다. 어떻게 그럴 수 있냐고 의아해하는 분들이 주변에 많다.

비결이 뭘까? 우선 그 답변에 앞서서 제가 그분한테 동업하기 전에 물어봤다. "왜 저와 동업 해야겠다고 생각하셨어요?"라고 말이다. 그런데 돌아온 대답이 생각지도 못한 대답이었다. "요리하는 스타일은 잘 맞는데 친하지 않아서요"라고 했다. "아니 친하지 않아서 동업을 해야겠다고 하신다고?" 나는 의아했다. 그런데 그분 말씀이 너무 친하지 않아야 목소리가 커지지 않고 가게유지를 하는데 있어서 오래 잘할 수 있다고 했다. 동업을 시작하고 나한테 이렇게 말했다. 동업하고 시간이 지나면 친해질 수도 있는데 본인은 어느 정도 거리를 두고, 지금과 같이 계속 존댓말을 사용할 것이라고 말이다. 창업을 하고 5년 반이 지난 지금까지도 서로 간에 존댓말을 사용하고 있다.

동업관계 유지에 있어서 중요하다고 느낀 부분은 본인이 하고자 하는 것이 있을 때와 상대방이 하고자 하는 것이 있을 때에 대안이다. 우선 본인이 하고자 하는 것이 있을 때는 '이렇게 하죠! 이렇게 하기로 했습니다!'가 아닌 '이렇게 하는 것은 어떨까요?'하고 상대방의 의견을 물어보는 것이다. 별것도 아닌 것 같지만 정말 중요한 부분이다.

동업에 있어서 '나는 당신의 의견을 존중하고 또한 당신의 의견이 필요하다'라는 것을 물어보는 것이 중요하다. 그리고 상대방이 의견을 제시 했을 때를 말하면, '이건 이렇게 하면 어떨까요?'라고 했을 때 '네. 우선 그렇게 해보죠' 하고 그것을 해보는 것이다. 그것이 마음에 들지 않아도 우선 해보고 나중에 본인의 생각을 말하는 것이다. '해보니까 이렇게 하는 것도 좋을 것 같은데 이렇게 하면 어떨까요?' 하고 본인이 원하는 다른 제시 방안을 말하는 것이다. 해보지도 않고 본인의 의견을 내놓는 것과 해보고 본인의 의견을 내놓는 것은 상대방의 입장에서 큰 차이가 있다.

친하다면 이런 부분이 안 되는 경우가 많다. 예를 들어 상대방이 '반찬으로 김치를 나가는 건 어때?'라고 해서 '한번 나가봐'라고 한 경우를 보자. 그런데 손님이 '여기는 일식집인데 어울리지 않게 김치를 주네'라는 말을 우연히 들었다면? 그리고 손님의 수도 줄어든다면? 한 명이 이렇게 말할 수도 있다. '야! 손님이 왜 이렇게 안 오냐? 이거 김치 때문에 아니야? 일식집에 김치 주니까 전문성도 떨어져 보였고 그래서 안 오는 거 아냐?'라고 하면 '야! 그럼 손님 안 오는 게 내 탓이라는 소리냐?'라고 하면 '어쨌든 네가 먼저 하자고 했잖아!'라는 식이 된다. 그 이후부터는 자존심 싸움이 된다.

결국 친한 만큼 조심스러워지는 부분이 없어지는 것은 확실하다. 자기주장이 강해지고 목소리도 커지는 것이다.

동업을 생각하고 있다면

보통 주위 사람에게 '나 동업하려고 하는데'라는 말을 꺼내면 다들 말린다. '힘들어도 혼자서 하는 것이 낫지 않겠냐?'라는 말을 많이 한다. 왜 그럴까? 가장 많이 말하는 동업의 단점은 서로 간의 의견이 다를 때, 그 해결 과정에서 다툼이 일어나는 것이다. 그리고 동업은 시작은 쉽지만 끝마무리를 어떻게 짓느냐다. 혹시 모를 상황에 대비하여 사업의 포기나 지분의 매각 방법 등을 명확하게 정해 둘 필요가 있다.

예를 들어 장사가 잘되는데 둘 중 한 명이 개인 사정이 생겨서 한 명이 이 가게를 접고 싶다고 할 때는 어떻게 할 것인가? 반대로 장사가 잘 안될 때는 어떻게 할 것인가? 장사가 안된다는 소리는 수익이 조금밖에 남지 않는다는 말이다. 혼자서 그 수익을 가져가면 적당한 금액인데, 둘로 나누기에는 수익이 적은 경우는 어떻게 해결할 것인가? 한 명이 그대로 남고 다른 한 명은 투자금액 대비 얼마를 받고 나갈 것인지? 아니면 가게를 접고 반반씩 수익을 나눌 것인지도 정해 놓아야 한다. 이 부분은 대충 말로 정해서는 안 된다. 동업계약서를 반드시 적어야 한다.

우리 사이에 동업계약서?

동업 계약서를 작성했다면 법무법인 공증 사무소에 가서 공증까지 받아 놓는 것이 좋다. 계약서에 이런 경우는 어떻게 할 것인지 얼마를 가져갈 것인지를 구체적으로 명시해야 한다. 동업 계약서는 인터넷에 검색하면 많은 양식이 있다. 그것을 본인의 가게 특성에 맞게 쓰면 된다.

보통 친구 사이에 동업하는 경우 이렇게들 많이 말을 한다. '에이. 우리 사이에 무슨 동업 계약서야! 우리가 1, 2년 본 사이도 아닌데! 서로 믿고 하는 거지! 너! 나 믿지?' 이렇게 생각하고 동업 계약서를 작성하지 않기 때문에 다툼이 일어난다. 정확한 기준이 없으니 어떤 일이 일어났을 때 자기 말이 맞다고 우기게 된다. 이런 일이 비일비재하여 주변에서 동업의 안 좋은 사례를 많이 들었을 것이다.

사업을 하다 보면 공과 사를 구분해야 할 때가 많이 일어난다. 계약서 또한 마찬가지라고 생각한다. 믿고 못 믿고의 문제가 아니라고 본다. 혹시 동업하고자 하는 사람이 친한 사람이라면 더더욱 이 부분은 꼭 짚고 넘어가길 바란다. 오랫동안 한 배를 같이 타고 가는 사람이니 만큼 확실하게 하고 가자!

동업하면 뭐가 좋을까?

내가 동업이라서 그렇게 느끼는지는 모르겠지만 동업의 장단점을 따져봤을 때 장점이 더 많은 것을 느낀다. 그럼 동업의 장점은 어떤 것이 있을까? 우선 가게를 차릴 때 초기 자본금이 반절이 된다. 혼자서 1억 원이라는 돈은 크게 느껴지지만, 둘이서 5천만 원씩이라고 하면 해볼 만 하다. 그리고 초기 투자비용이 적어지는 만큼 위험부담도 적어진다는 말이다. 그리고 업무를 분담할 수 있다.

사장이 되면 직원으로 있을 때보다 훨씬 일이 많아진다. 그런 많은 일을 혼자서 다 해결해야 한다는 것도 부담이 되고, 스트레스로 다가온다. 그런 부분에 있어서 업무분담을 할 수 있으니 하는 일도 줄어들고 그만큼 여유도 생긴다. 동업을 하면서 느낀 것은 의지할 사람이 있다는 것만으로 큰 힘이 된다. 물론 그런 부분을 채워주는 직원도 있다. 내 가게 직원들은 너무 고마울 정도로 정말 열심히 일해주고 있다. 강요하지도 않았는데 출근 시간보다 1시간 일찍 출근하는 직원들도 있고, 일할 때 핸드폰이나 딴 짓도 하지 않고 다들 정말 열심히 일해주고 있다.

옆 가게 고깃집 사장님이 어느 날 나에게 이런 말을 한 적이 있다. "어쩜! 사장님 가게 사람들은 하나같이 열심히 일하는 사람밖에 없는 것 같아! 부러워 죽겠어!"라고 말이다. 이렇듯 직원들도 정말 열심히 해주지만 동업자는 그 '열심'이라는 부분의 무게가 다른 것 같다.

이 가게를 위해 나와 함께 죽을힘을 다해 뛰는 사람이 있다는 것이 정말 큰 힘이 된다. 그리고 가게를 관리하는 사람이 2명이니 가게가 늘어나도 관리가 잘된다는 것이다. 혼자서 2개의 가게를 관리하는 것보단 2명이 각각 가게 하나씩 관리하니까 수월하다. 또한 내가 쉬는 날에 동업자가 출근하니 마음 편히 쉬면서, 가게를 운영할 수 있다는 말이다.

보통 사장이 혼자인 경우는 쉬는 날에도 가게를 신경 쓰는 일이 많다. 어떤 문제가 발생하면 해결해야 하기 때문이다. 하지만 그런 부분을 동업자가 해결해주니 마음이 편하다는 것이다.

불황속에 작은 가게가 답이다! 그 이유는?

손님이 북적대게 하려면 어떻게 해야 할까? 줄을 서게 하려면 또한 어떻게 할까? 우선 위에서 언급한 '임팩트 있는 가격 선정으로 가성비 좋은 가게'를 만들어야 한다. 그 외에도 맛있어 보이는 가게로 만들고 줄을 세우기 위한 방법을 결론부터 말하자면 '작은 가게'가 포인트다.

나는 '손님이 손님을 부른다'라는 말에 공감이 많이 간다. 손님이 줄을 서기 시작하면 지나가던 사람들도 그 줄을 보게 되고 '맛집인가봐?'라는 말과 함께 '우리도 그냥 여기서 먹을까?'라며 줄을 서게 되는 경우를 종종 본다.

그렇다면 줄을 서게 하는 방법은 무엇일까? 우선 '줄'이라는 것 자체가 가게가 만석이 되면 그때부터 줄을 서기 시작하는 것이라서 가게의 크기가 중요하다. 당연한 이야기로 가게가 작으면 작을수록 손님이 앉을 수 있는 자리가 많지 않기 때문에 작은 가게는 금방 만석이 되고 줄을 서게 된다. 줄을 서는 것만으로 맛집으로 인식되며 가게의 자연스러운 홍보 효과도 되니 일석이조다. 반대로 큰 가게는 같은 수의 팀이 있어도 가게가 비어있는 느낌이 든다.

예를 들어 손님이 다섯 팀이 있다고 가정해보자. 큰 가게의 경우 다섯 팀이 있어도 텅텅 비어 있는 모습에 손님들이 느끼는 감정은 '이 가게는 맛이 없나? 손님이 없네?'라고 느낀다. 반면에 작은 가게의 경우 '손님이 꽉 차있네? 맛집인가본데?'라는 생각을 하게 된다. 정작 가게에 들어온 손님의 수는 같은데 말이다. 손님이 적을 땐 들어왔다가도 나가는 손님이 있는데 손님이 많이 있어 줄을 서는 날에는 굳이 한, 두 시간씩 기다리겠다며 줄을 서는 경우도 많다.

작은 가게가 맛있어 보인다는 의미는 줄을 선만큼 맛있어 보인다는 말이다. 결국 맛집이라 줄을 서는 것이 아니라, 줄을 서니 맛집이 되는 것이다. 이처럼 줄을 세우기 위해서는 작은 가게가 상당히 유리한 조건을 가지고 있다.

맛있어 보이는 가게로 만들고 줄을 세우기 위한 방법,
결론부터 말하자면 '작은 가게'가 포인트다.

투자대비 수익률이 좋은 작은 가게!

요즘 같은 불황에는 작은 가게를 해야 한다. 작은 가게는 투자비용 대비 높은 수익을 낼 수 있기 때문이다. 나는 가게가 커지면 커질수록 높은 수익을 내는 줄 알았다. 하지만 가게를 확장을 하고 그렇지만은 않다는 것을 알았다.

지금 운영하고 있는 시후쿠 삼각지 본점은 14평으로 시작했다. 그런데 장사가 잘 돼서 1년 3개월 만에 확장 공사로 벽을 부수고 8평을 더 늘렸다. 공간을 늘린 만큼 테이블을 놓고 테이블이 늘어나니 더 바빠져서 직원도 더 채용해야 했다. 당연한 이야기로 가게가 커진 만큼 전기비, 수도비, 가스비, 월세 등을 더 내야 했다. 지출이 많아졌지만 매출은 2배 이상 뛰었다. 그래서 나는 기대했다. '와. 매출이 2배 이상이니 가져가는 것도 2배 이상으로 가져가겠는걸?'이라고 말이다. 그런데 그렇지는 않았다. 인건비와 월세로 인해서 결국 확장 전 14평 일 때와 확장 후 22평일 때와 수익을 비교 했을 때 매출은 2배지만 수익은 그렇게 차이가 나지 않는 다는 것을 알았다. 그때 나는 소수 인원으로 하는 작은 가게가 오히려 '알짜배기 가게'라는 것을 알았다.

또한 장사가 안 된다면 큰 가게는 작은 가게에 비해 가게 유지비가 많이 들어가니 그만큼 손실도 크다. 경기 불황인 요즘 같은 세상에는 '큰돈 들여 큰 가게'를 하지 말고 '적은 비용으로 알짜배기 작은 가게'를 창업하는 것을 추천한다.

콘트롤이 쉬운 작은 가게! 오너셰프로서 콘트롤 가능

가게를 운영함에 있어서 사장은 정말 요리에 대해 많은 것을 알고 있어야 한다. 그래야 직원들을 콘트롤 할 수 있다. 무슨 말인가 하면, 사장이 요리에 대해 잘 알고 있어야 직원들한테 "이 요리는 이렇게 해라" 라고 했을 때 수긍하고 그대로 한다는 말이다. 사장이 요리에 대해 잘 모른다면 직원들이 수긍을 하지 않고 자기 멋대로 요리하는 경우가 빈번하게 발생한다. '사장은 요리에 대해 잘 모르니까… 내 방식대로 해야지!'라고 생각 하면서 말이다. 그렇게 되면 직원마다 제각각의 방식대로 하게 되고, 맛도 제각각이 되어버리기 일쑤다. 또한 사장 이 요리에 대해 더 잘 알면 식재료에 조금만 신경써도 아낄 수 있는 부분 이 있다는 것을 안다.

예전 직장에서 생선을 손질하는데 직장 과장이 '다이묘 오로시(생선 손질 방법 중 하나)'로 하고 있었다. 그래서 "과장님! 이 생선은 원래 '다이묘 오로시'로 하는 건가요?"라고 여쭤보니 "아니! 산마이해도 되는데 다이묘가 편하잖아. 어차피 내 돈도 아닌데 뭘… 빨리 하고 쉬어야지"라고 하는 것이었다. 부가 설명을 하자면, 생선 한 마리를 살과 뼈를 나누는 작업을 '오로시'라고 하는데 크게 '산마이 오로시'와 '다이묘 오로시'로 나눌 수 있다. 다이묘 오로시는 산마이 오로시에 비해 상대적으로 로스(loss)가 많이 난다. '다이묘'라는 말이 '부르주아'를 뜻하는 것처럼 그만큼 낭비가 심하다는 것이다. 이러한 직원이 행동을 봤을 때 사장이 요리에 대해 잘 알면 '로스(loss)가 많이 나니까 산마이로 해라!'라고 말할 수 있다. 하지만 모르면 그냥 원래 저렇게 하는가 보다 하고 넘어간다. 오로시를 많이 해본 사람이 이 내용을 봤을 때 반론을 제기할 수 있다. 다이묘가 산마이보다 빠른 시간에 깔끔하게 나오기 때문이다. 하지만 산마이도 연습만 하면 다이묘처럼 빠르고 깔끔하고 할 수 있다. 거기에 손실도 적으니 가게 입장에서 봤을 때 좋다.

주방장이 일을 편하게만 하고자 해서 가게의 식자재의 손실을 생각하지 않고 일을 하는 경우가 많다. 결론적으로 사장인 본인이 주방장보다 요리 경력이 많다면 본인의 말에 순순히 주방 직원이 따르지만 그렇지 않은 경우는 앞에서는 듣는척하지만 뒤에서는 실제로 그렇게 하지 않는 경우가 많다.

그리고 사장이 아닌 주방장이 요리의 주도권을 잡고 있을 경우 그 주방장이 그만두고 새로운 주방장으로 바뀌면 요리의 스타일이 바뀌기 때문에 기존의 손님들이 떨어져 나갈 수 있다는 리스크도 있다.

맛있는 가게?
친절한 가게?

장사를 하면서 맛! 가격! 인테리어! 친절한 서비스! 이 모든 것이 중요하지만 '친절한 서비스'는 정말 중요하다. '맛은 있는데 불친절한 A음식점'과 '맛은 그저 그런데 친절한 B음식점'이 있다고 해보자.

당신이 회사 점심시간에 식사를 하러 나왔다면 어디를 가겠는가? 보통은 B음식점에서 먹을 것이다. 불친절한 곳에서 밥을 먹으면 밥맛도 떨어진다. 반대로 친절한 집에서 밥을 먹으면 없던 밥맛까지 좋아진다. 친절함에 기분까지 좋아진다는 말이다. '정말 한국 어디를 가 봐도 그 집만큼 맛있는 곳은 찾아볼 수 없어!'라고 누구라도 말할 정도로 맛있는 음식점이라면 모르겠다! 그렇다면 조금 불친절해도 손님이 찾아갈 수는 있겠다.

하지만 설령 본인의 집이 한국 최고의 맛집이라고 해도, 거기에 친절함까지 더해진다면 세계 최고의 맛집으로 선정될 수도 있겠다. 예전에 이런 말을 들은 적이 있다. 주방장이 가게를 차리면 망하고, 홀 매니저가 가게를 차리면 성공한다. 무슨 말인가? 그만큼 고객 응대가 중요하다는 것이다.

맛에 대해 잘 알지만 고객 응대에 대해 잘 알지 못하는 주방장은 A음식점이 될 가능성이 높다. 그리고 맛에 대해 잘은 모르지만 고객 응대에 대해서는 잘 알고 있는 홀 매니저는 B음식점이 될 가능성이 높다는 것이다. 그만큼 가게 책임자의 마인드가 중요하고 그 마인드에 따라 직원이 움직인다고 생각한다. 직원이 손님한테 불친절하게 행동하고 있다면 직원의 잘못도 있지만, 책임자의 잘못이 더 크다. 친절하게 교육시키지 못한 책임자의 잘못이 크다는 것이다. 직원을 나무라기만 할 것이 아니라 혹시 책임자인 나를 보고 그렇게 배우진 않았나를 생각해봐야 한다. 그리고 그런 부분을 해결하기 위해서 책임자인 본인이 지속적인 자기 계발을 해야 하며, 그것을 바탕으로 직원한테 서비스교육을 해야 한다.

배워야할 일본인의 서비스 정신

아내가 일본인이라 다른 사람 보다 일본은 자주 가는 편이지만, 그 전에도 일본 여행을 간적이 있다. 21살에 일본어가 아직 많이 서툴 때의 일이었다. 여행을 가서 가장 충격적이었던 부분은 일본인들의 서비스 정신이었다. 뭐 워낙 '일본인의 서비스 정신'이라는 말에 관해서는 익히 들었

친절한 집에서 밥을 먹으면 없던 밥맛까지 좋아진다.

다. 나도 그런 부분은 듣기만 많이 했지 실감이 나질 않았다. 그냥 친절하게 웃으면서 서비스 하나 보다 했다.

아버지가 검도를 하셔서 선물로 검도용품을 사드리려고 검도용품점을 찾고 있었다. 역무원한테 물어보고 지나가는 사람들한테 물어봐도 모두 모른다는 답변이었다. 그러다가 게스트하우스 사장님한테 검도용품점을 물어봤는데 검도용품점은 잘 모르겠지만 종합 스포츠용품 센터는 어디 있는지 알고 있다고 했다. 검도용품이 있을 수도 있다고 해서 나는 그곳을 찾아 가서 검도용품을 판매하는지 물어봤다. 그런데 이곳은 축구나 테니스 같은 용품은 있는데 검도용품은 없다고 했다. 힘들게 찾은 스포츠용품점이었는데 절망적이었다. 그런데 혹시 어떤 검도용품을 찾고 있냐고 물어 보는 것이었다. 나는 죽도(검도에 쓰는 대나무 칼)가 필요하다고 했다. 그러면 잠시만 기다리라는 것이었다. 그러더니 한참 책을 뒤지고 컴퓨터를 두드리더니 전화는 하는 것이었다. 나는 '혹시 죽도는 있나? 주문이 가능한가?'라고 생각했다. 그러더니 무언가를 프린트 하더니 나에게 다가왔다. 프린터 된 몇 장의 종이에는 약도가 그려져 있었다. 그리고 나에게 말했다. "여기서 걸어서 갈 수 있는 거리의 검도용품점은 3군데 있어요. 3군데 모두 죽도는 있다고 해요. 이중에 1곳은 가게가 너무 작아서 원하는 죽도가 없을지도 몰라요. 이중에는 이곳이 가장 크니 이곳부터 가보시는 게 좋을 것 같아요"라고 말해줬다. 나는 "정말 감사합니다!"라고 말하고는 "여기는 이곳과 같은 회사인가요?"라고 궁금해서 물어보았다. 돌아오는 대답이 "아니요. 그곳들은 저희 회사와 아무런 관계가 없는 회사에요"라는 것이었다. 충격적이었다. 본인의 회사와 전혀 관계없는 회사에 이렇게까지 프린트해가며 친절하게 하는 행동 자체가 말이다. 그리고는 그분이 말했다. "도움을 드리고 싶어서 한 거에요. 부담 갖지 마세요"라고 말하고 약도를 보며 내가 찾아갈 수 있게끔 알기 쉽게 설명해주었다. 그 덕분에 나는 그곳에 찾아가서 원하는 검도용품을 살 수 있었다.

만약 스포츠용품 직원이 '저희 가게에는 검도용품이 없지만, 이 주변에 검도용품점이 있었던 것 같아요. 찾아보면 있을 거에요'라고 말했다고 해도 서비스 응대로서 '납득'했을 것이다. 또한 직원이 검도용품점을 검색 후에 '시청 건물 옆에 OO빌딩이 있는데 거기 안에 검도용품점이 있데요. 걸어가면 5분 정도 걸리겠네요'라고 했다면 서비스 응대로서 '만족'했을 것이다. 하지만 위에서 말한 것처럼 본인의 회사와 관계가 없는 회사를 찾아보고 인쇄한 후에 설명까지 친절하게 함으로 인해 '감동'할 수 있었다. '굳이 그렇게까지 해야 해?'라고 생각되는 부분을 나의 수고를 들여서라도 '굳이 그렇게까지 한다면' 고객은 감동을 받는다. 어떠한 상황 속에서 굳이 그렇게까지 안 해도 될 것 같은 서비스는 어떤 것이 있는지 생각해보자. 그리고 그러한 서비스를 함으로써 고객은 감동을 받을 것이다.

디즈니랜드의 부사장을 역임했던 가마사와 노보루가 이와 같이 서비스의 질을 3가지로 정리했다. 고객납득, 고객만족, 고객감동으로 말이다. 우선 고객 납득은 고객이 기대한 수준의 서비스를 받았을 때 느끼는 감정이다. 두 번째로 고객 만족은 고객이 기대 이상의 서비스를 받았을 때 느끼는 감정이다. 세 번째로 고객 감동은 고객이 전혀 예상하지 못했던 그 이상의 배려와 신경을 써줌으로 인한 서비스를 받을 때 느끼는 감정이다. 우리는 납득과 만족을 넘어서서 고객 감동에 이르기 위해 노력해야 한다. 그러기 위해서는 고객을 신경 써주는 진실성 있는 마음이 있어야 한다.

친절도 연습이다

친절이라는 것은 정해진 메뉴얼이 아니라 진실성이 담겨져야 된다. '사랑합니다! 고객님!', '최선을 다해 모시겠습니다. 고객님!' 같이 짜인 각본 같은 친절함은 진실성이 느껴지지 않는다. 사실 요즘같이 많은 음식점 가운데 우리 가게에 찾아와 주신 것만으로도 감사하게 느껴진다. 그렇게 찾아와주신 손님한테 진심으로 감사하는 마음만 있다면 자연스럽게 친절이 표출된다. 요식업에 오랫동안 종사하면서 느끼는 것은 친절도 연습이라는 부분이다.

많은 사람이 빠지는 착각 중에 하나는 본인이 사장이 되면 친절하게 될 것이라는 착각이다. 예를 들어 우리 가게는 저녁 10시30분에 주방을 마감한다. 어느 날 10시25분에 손님이 들어왔는데 "어서 오세요. 몇 분이세요?"하고 손님을 달갑게 맞이했는데, 주방에서 "아. 지금 손님 들어

왔어…"라는 직원의 이야기를 들은 적이 있었다. 물론 이해는 간다. 얼른 청소하고 집에 빨리 가서 쉬려고 했는데, 마지막에 손님 한 팀이 들어와 버렸으니 그만큼 집에 늦게 가게 된다. 그러면서 직원은 이렇게들 많이 생각한다. '손님이 많이 오면 다 돈이니까 사장은 싱글벙글이겠지… '라고 말이다. 직원입장에서는 손님 100팀 받은 것과 손님 50팀 받은 것 중에 50팀 받은 것이 더 좋다. 월급은 같은데 일하는 양은 적기 때문이다. 그런 마인드로 일하면 바쁜 날에는 짜증만 난다. 바빠 죽겠는데 웨이팅 손님이 가게 안에서 길을 막고 있어서 '여기 복잡하니까 밖에 나가서 기다리세요!'라는 식이 되어 버린다. 손님이 많은 것은 나의 일이 많아지니 그만큼 짜증만 나는 것이다.

이러한 생각과 행동을 계속하던 직원이 가게를 차렸다고 가정해보자. 그 직원이 사장이 되었다고 해서 마음이 바뀌고 행동이 바뀌었을까? 갑자기 손님에게 진실성 있게 친절한 모습이 배어 나올까? 사장이 되니 이제는 손님들이 주방 마감 5분 전에 들어와도 환하게 웃으며 고객 응대를 할 수 있을까? 나는 아니라고 본다.

'친절'은 '습관'이며 '연습'이 필요하다. 10년 동안 불평만 하고 무뚝뚝한 사람이 한순간에 바뀌기 힘들다. 그래서 중요한 것은 본인 가게를 차리기 이전에 고객에게 진실성 있게 친절하게 대하는 것을 많이 연습하기 바란다. '내가 어떻게 행동하면 고객이 만족하며 더 나아가서 감동할 수 있을까?'를 계속 생각해봐야 한다.

갑의 횡포!
을의 대응!

서비스업에서 '고객은 왕이다'라는 말은 너무나도 많이 쓰여 왔다. 그러다 보니 고객이 그러한 권리를 당당하게 요구하게 되었다. 그러나 요즘에는 권리의 도를 넘어서서 회포까지 이르는 경우도 생기고 있다. 갑의 횡포를 뜻하는 '갑질'이라는 단어가 이제는 생소하지 않게 들린다. 고객과 직원을 비교했을 때 일하는 직원은 상대적으로 '을'에 해당된다. 그러한 갑의 횡포에 대해서 사장이 직원을 어느 정도 보완해줘야 한다. 즉, 무조건 손님 편에만 서서 직원을 나무라는 것이 아니라, 직원들의 고충도 이해해줘야 한다.

예전에 카페 엔젤리너스가 이런 이벤트를 한 적이 있다. 손님이 반말로 '야! 아메리카노!'라고 주문하면 판매금액에 50% 할증을 붙여 받고,

'아메리카노, 한 잔'이라고 하면 그대로의 가격, '아메리카노 한 잔 주세요' 라고 하면 20% 할인, '안녕하세요. OO씨 맛있는 아메리카노 한 잔 주세요'라고 하면 50% 할인을 해주는 이벤트였다.

이런 이벤트를 진행한 취지는 무엇일까? 벌금으로 커피값을 더 받아 이득을 취하려는 의도였을까? 그렇지는 않을 것이다. 사장이 직원들의 고충을 이해해서, 고객과 직원이 상호 간 존중과 배려를 표함으로 직원들의 업무 능률을 높이고자 했을 것이다. 손님들이 기분 좋게 이야기해주면 일하는 직원들도 기분이 좋아지고, 그로 인해 서비스도 좋아지며 일의 효율도 높아진다.

고객과 직원! 사장님은 누구 편?

우리 가게에서 한번은 이런 적이 있었다고 한다. 다른 가게에서 이미 한잔 마시고 들어온 손님 7명이 우리 가게를 들어왔다. 그리고는 생맥주 7잔과 요리를 시켰다. 맥주 7잔을 나가고 3분 뒤에 손님이 말했다. "여기! 맥주 7잔 더 줘!"라고 해서 우리 직원이 이렇게 말했다. "손님 지금 맥주잔에 맥주가 많이 남아있는데 지금 드릴까요? 아니면 조금 있다가 준비해드릴까요?"라고 말하니 "아! 지금 달라고!"라고 말했다. 직원이 그래도 지금 나가면 안 될 것 같아서 다른 직원한테 그것을 말하고 어떻게 할지 이야기했다. 그리고는 다른 직원이 "손님 지금 맥주가 아직 그대로 있는데 7잔을 지금 드릴까요?"라고 되물었다. 그 직원이 크게 이야기해서 다른 손님들도 모두 들었고 그중에 한 손님이 이렇게 말했다. "알아서 먹을 것이니까 그냥 7잔 달라고!"라고 말이다. 직원은 2번 물어보았으니 그냥 나가도 될 것 같다고 해서 7잔을 나갔다. 그런데 7잔을 나가고서 조금 있다가 그중 한 손님이 부르는 것이었다. "여기! 여기 사장 어디 있어?"라고 말해서 "어떤 일 때문에 그런가요?"라고 직원이 말하니 "아니! 아직 맥주를 다 마시지도 않았는데 지금 이거 어떻게 마시라고 이렇게 가지고 오냐?"라고 하는 것이었다. "아까 2번이나 여쭤봤는데 그냥 달라고 하셔서…"라고 하니 "아니 사장 어디 있냐고?"라고 말했다. 그때 내가 없어서 동업자분이 그 테이블에 갔다. 그리고 직원이 손님한테 이미 2번이나 물어봤고 이런 상황이 일어난 것을 알고 있었다고 한다. "어떤 것 때문에 그러시죠?"라고 하니 "당신이 사장이야? 아니 직원 교육 좀 똑바로 시키라고! 맥주가 이렇게 남아있는데 또 주는 놈이 어디 있어! 어떻게 먹으라고!"라고 하면서 직원한테 욕을 했다. 그렇게 계속 욕을 하니 동업자분이 이렇게 말했다. "아니! 맥주값 빼 드리면 되지! 왜 욕을 하세요! 우리 직원들한테 뭐라고 하지 마세요!"라고 말이다.

단순히 손님 응대로만 따진다면 틀린 행동일 수도 있겠다. 하지만 그렇게 말해줘서 그 직원이 그때 당시 너무 고마웠다고 한다. '아. 사장님이 내 편이구나… 나를 생각해 주시는구나…'라고 생각 했단다. 손님이 어떤 잘못을 했어도 무조건 손님 편에서만 서서 직원을 나무라는 사장님도 많다.

만약 위와 같은 상황에서 사장이 "죄송합니다! 야! 너도 어서 사과드려!"라고 했다면 직원은 사장의 행동에 실망했을 것이다. 또한 "저희 직원이 실수한 것 같네요. 두 번째 드린 맥주는 서비스로 드릴게요. 다음부터는 실수 없도록 신경 쓰겠습니다"라고 말하면 고객 입장에서 대처는 좋았을지 모르지만, 결과적으로 직원이 느끼기에는 직원이 실수한 꼴이 된다. 이렇게 하고 난 뒤 직원에게 "너의 실수가 아니야"라고 말해도 진실성 있게 들리지는 않는다. 물론 고객은 중요하다. 하지만 나는 고객만큼 중요한 것이 직원이라고 생각한다.

직원의 중요성

고객의 중요성에 대해서는 잘 알고 있는데, 정작 직원의 중요성에 대해서는 잘 알지 못하는 사장님들이 많다. 가게를 운영함에 있어서 중요한 것들을 모두 순위를 매길 수는 없지만, 정말 중요한 것이 직원관리이다. 우수한 인재를 채용하는 것도 중요하다.

그런데 그보다 현재 근무하고 있는 직원들을 더욱 잘할 수 있게 만들며 오랫동안 같이 일할 수 있게 관리하는 것이 더 중요하다. 직원들이 열정적인 마음가짐으로 자발적으로 일 할 때 가게의 업무 능률은 높아진다. 또한 직원들이 친절한 서비스와 맛있는 음식으로 고객의 만족도를 높이면 고객의 재방문을 유도할 수 있다. 이러한 것들이 가게의 경영과 이어진다. 즉, 가게의 매출을 올리는 것은 고객이지만, 그 고객을 다시 오게 할 수 있는 것은 직원이라는 말이다.

6장

불황속 호황 가게?
음식의 맛이 일정하다

여기 주방장 바뀌었나요?

보통 음식의 맛이 달라지면 고객들이 실망 섞인 말투로 "여기 주방장 바뀌었어요?"라고 묻는다. 저런 말을 몇 번 들으면 고객의 발길이 끊기기 십상이다. 이처럼 음식점을 운영하면서 정말 중요한 부분 중에 하나가 '한결같은 맛'이다.

어느 때는 짜고, 또 어느 때는 싱겁고 하면 안 된다. 그렇다면 한결같은 맛을 유지하기 위해서는 어떻게 해야 할까? 레시피북을 만들어야 한다. 소스로 예를 들었을 때 소스에 들어가는 재료의 양과 만드는 방법이 정해져서 기록되어있는 것이 레시피북이다. 레시피북은 구체적이고 정확할수록 좋다. 정확하기 위해서는 저울을 사용하는 것을 추천한다. 어떤 소스를 만들 때도 고추장 세 국자, 양파 한줌 아닌 고추장 200g, 양파

50g 이렇게 표기를 해야 소스도 일정한 맛을 낸다. 그리고 가장 중요하게 누가 만들어도 그 양을 넣으면 그 맛이 나온다. 이것은 가게를 꾸준히 유지하기 위해서는 반드시 필요한 부분이다. 의외로 레시피북이 없는 가게들이 많다. 즉, 음식에 들어가는 식재료의 양이 정확하게 정해져있지 않다는 것이다.

요리사들 중에서도 음식은 만들 수 있으나 레시피북이 없는 경우가 많다. 예를 들어 돼지고기 숙주 볶음을 만든다고 가정하자. 정해진 양대로 돼지고기와 야채와 소스를 넣고 볶으면 되는데 레시피북이 없는 경우는 그냥 주방장이 간을 보면서 굴 소스를 더 넣고, 설탕을 더 넣고 야채를 더 넣고 한다. 물론 정확한 간을 보고 최상의 맛을 내는 것은 중요하다. 하지만 '간을 보고 더 넣는다'라는 것이 애매하다. 감기가 걸린 경우처럼 컨디션이 안 좋은 경우에 따라서 자신이 느끼는 '간'이 달라지기 때문이다.

또한 새로운 사람이 들어 왔을 때 인수인계하는 것 또한 힘들다. 예전에 직원으로 일할 때 부장님이 나한테 이런 식으로 알려 준 적이 있다. '간마늘 한 숟가락 푹 퍼서 넣고, 간장 조금 넣고, 소금 조금 넣고 이렇게 볶으면 돼! 자! 먹어봐. 이 맛 잘 기억해! 나중에 이 정도로 간하면 돼!'라는 것이었다. 이렇게 한번 먹어본 것으로 기억할 리가 만무하다. 기억한다고 한들 이것 또한 나의 컨디션에 따라 맛이 다르게 느껴지기 때문이다. 그것이 '실력'이라고 말하는 사람도 있다. 실력일 수는 있다. 같은 요리를 반복적으로 오랫동안 하면 참기름을 넣을 때도 대충 한 바퀴 두르는 것 같은데 매번 정확한 양이 들어갈 수 있다는 소리다. 하지만 그렇게 말하는 실력으로 인해서 가게가 흔들릴 수 있다. 즉, 기존의 주방장이 그만두게 되면 그 음식점의 맛이 변할 수 있다. 요리의 정확한 레시피가 없어서이다. 참기름을 넣을 때 왜? 대충 한 바퀴를 둘러서 넣는가? 대충 넣는 것이 아니라 몇 cc인지를 정해놓아야 한다는 것이다. 참기름을 5cc 넣는다. 이런 식으로 말이다. 그러면 오랫동안 반복해서 일한 사람이 아니더라도 매번 정확하게 같은 양을 넣을 수 있다. 하지만 이 부분은 다들 '귀찮아서' 안 하는 경우가 많다. 이미 잘하고 있는데 뭘 바꾸냐고 말이다. 또한 요리사들의 쓸데없는 '자존심'이기도 하다. '자! 난 대충 넣는데 매번 맛이 같지? 대단하지?' 이런 식이다.

개인의 자존심은 세울 수 있어도 그런 요리사가 가게를 차리면 그 사람이 없으면 그 맛이 안 난다. 예전에 본 책에서 기술자와 전문가의 차이를 본 적이 있다. 기술자는 혼자만의 기술이 정말 뛰어나서 잘하는 것이었다. 대신 다른 사람에게 자신의 기술을 가르치지 못하고 혼자만 뛰어난 경우였다. 가르쳐 주고 싶어도 가르칠 수가 없는 것이다. 그런데 전문가는 다른 사람에게 자신의 기술을 가르칠 수 있는 사람을 전문가라고 표현했다. 즉, 다른 사람을 본인과 같이 잘 가르쳐 놓아서 본인이 없어도 가게가 잘 돌아가게 만들어 놓았다면 전문가이다. 직원을 육성하며 가게를 크게 늘리고 싶다면 전문가가 되어야 한다. 그러기 위해서는 시스템이 필요하며, 그 시스템중 하나가 레시피북이다.

레시피가 회전율과 관계가 있다고?

가게 회전율을 높이는 방법은 몇 가지가 있다. 그중에 한 가지가 아까 말한 레시피다. 어떻게 레시피가 회전율과 관계가 있을까? 답은 간단하다. 회전율이 빨라지려면 우선 손님이 음식을 빨리 먹고 빨리 나가줘야 한다. 여기서 우리가 할 수 있는 일은 음식을 빨리 주는 것이다. 음식을 빨리 나가기 위해서는 우선 정확한 계량이 필요하다.

볶음우동을 만든다고 가정해보자. 채소와 해산물을 볶은 후에 소스를 넣고 볶아야 하는데 '소스의 양은 두 바퀴 정도 두른 뒤에 간을 보고 싱거우면 소스를 더 넣는다'라는 식으로 만드는 가게도 있다. 이렇게 하는 것이 아니라 소스는 '30cc를 넣는다'라고 정해놓으면 더 빨리 나갈 수 있다. 또 하나는 주방 안에서의 조리방법을 간단하게 바꿔야 한다. 예를 들면 볶음 우동을 만들 때 굴 소스, 간장, 설탕, 간마늘이 들어간다고 가정했을 때 조리하면서 일일이 넣는 것이 아니라 미리 섞어 놓고 그 소스를 계량해서 나가는 것이다. 이렇게 하면 시간도 줄어들고 매번 나갈 때마다 정확한 계량이 가능하다. 물론 섞어서 맛이 변하는 경우도 있다. 하지만 그런 부분은 요리사로서 연구해야 할 부분이다.

정확한 맛으로 1분이라도 빨리 빼야 회전율이 빨라지며 매출도 증가한다. 한결같은 맛과 회전율을 높이려면 레시피북이 반드시 필요하다.

음식은 만들 수 있는데 레시피북이 없는 경우!

그러면 지금 대충 넣고 있는데 이것을 레시피로 바꾸고 싶다면 어떻게 해야 할까? 쉬운 예로 제육볶음용 소스를 만든다고 하자. 고추장, 설탕, 간장 등을 대충 넣고 간을 보면서 했다면, 넣는 것은 동일하게 대충 넣으면서 간을 하는데 그릇 아래에 저울을 놓는 것이다. 그래서 고추장을 대충 넣었지만 그 양은 메모해둔다. 그렇게 설탕, 간장, 마늘 등을 넣어가며 적어두고 추가로 설탕이 더 들어가야 한다면 그것 또한 적어서 아까의 설탕의 양에 더하면 된다. 이렇게 하면 본인은 대충 넣어서 간을 봐서 만들었어도 얼마큼의 재료가 들어갔는지 알 수 있다. 가끔 어렸을 때 적어놓은 레시피북을 보면 '간장 한 국자, 식초는 덮밥 그릇으로 한 그릇' 이런 식으로 적어 놓은 것도 있었다. 그런데 지금 와서 보니 한 국자

레시피북에는 음식이 완성된 후에는 어떤 모습인지도 찍어 놓는 것이 좋다.

인데 국자 사이즈가 몇 cc인지 덮밥 그릇이 몇 cc인지는 적어 놓지 않았다. 대충은 알겠지만 그런 식으로 적어놓으면 일을 다닐 때는 알겠지만 나중에 몇 년이 흐르고 보면 알 수 없다. 즉, 몇 g인지, 몇 cc인지 정확하게 적어 놓아야 한다. 또한 레시피북에 요리의 순서를 정확하고 구체적으로 적어 놓는 것도 중요하다.

예를 들어 일본 된장 소스를 만들 때 참기름 10cc, 돼지민찌 100g, 다진양파 100g, 일본 된장 800g, 물 200cc, 후추가루 5cc 등이 들어간다고 했을 때 그냥 이렇게 적어 놓는 것이 아니라 참기름에 돼지고기를 볶다가 거의 익으면 다진 양파를 넣고 갈색이 될 때까지 볶는다. 그리고 일본 된장도 넣고 볶다가, 물 200cc를 더 넣고 3분 정도 끓여주고 후추 5cc를 넣고 잘 저어준다는 식으로 조리과정까지 정확하게 적어 주어야 나중에 시간이 지나고 까먹지 않는다. 실제로 나도 어렸을 때 적었던 레시피북을 보면 들어가는 양만 적혀있고 조리과정이 안 적혀 있는 경우가 많다. 과정은 까먹지 않는다고 생각하기 때문이다. 하지만 다 넣고 끓였었는지? 된장을 먼저 넣었는지 등이 몇 년 뒤에는 까먹는다. 또한 음식이 완성된 후에는 어떤 모습인지도 찍어 놓는 것이 좋다. 예를 들어 쇠고기 타다끼가 있다면 양파를 깔고 쇠고기를 구워서 얇게 잘라서 펼쳐 놓는다. 라고 적어 놓고 사진을 찍어 두는 것이다. 어떤 식으로 양파를 썰었는지, 고기는 얼마나 구웠는지, 쇠고기는 어떻게 펼쳐 놓았는지 등이 사진이 있으면 쉽게 이해할 수 있다.

레시피북은 다리어리로?

레시피북은 속지를 넣었다 뺐다 할 수 있는 다이어리로 하는 것이 좋다. 17살 때부터 적어 놓던 레시피북이 지금 까지 4권이 있다. 그런데 앞서서 썼던 레시피북은 수첩 형태였다. 그러니 오래 쓰니 해지고, 나중에는 종이가 한 장 한 장 뜯어졌다. 또한 레시피를 찾을 때 너무 번거로웠다. 예를 들면 '저번에 뷔페 집에서 일할 때 만들었던 샐러드 소스 맛있었는데 어디에 적어 놨지? 예전 레시피북을 찾아보면 이쯤인 것 같은데'하고 한참을 찾는데 시간이 걸린다. 그리고 그것을 지금 가게에서 해보고 싶으면 현재 쓰고 있는 레시피북과 예전 레시피북 2권을 가지고 다녀야 하는 번거로움이 있다. 그런데 속지를 넣다 뺐다 할 수 있는 다이어리에 레시피를 적어 놓으면 그 부분만 딱 떼어서 지금 가지고 다니는 레시피북에 끼워 넣으면 된다. 그리고 ㄱㄴㄷㄹ로 띠지를 해서 '닭 육수 끓이는 법'을 찾고 싶으면 ㄷ에서 찾으면 편하게 찾아진다. 또한 레시피북은 백업을 반드시 해놓아야 한다.

어느 날 직원한테 "예전에 일하던 가게 레시피 중에 맛있는 거 있어?"라고 하니, "다 적어놓았는데 잃어 버렸어요"라고 했다. 이 얼마나 아까운 일인가?

요리사에게 있어서 요리스킬도 중요하지만 레시피도 중요하다. 어떻게 보면 다 돈이 된다. 레시피를 적어놓았다면 컴퓨터나 핸드폰에 정리하는 습관을 지녀야하고, 따로 백업을 해놔야 한다. 지금 가지고 있는 레시피가 너무 많아서 정리하기에 엄두가 안 난다면, 사진을 찍어두고 백업을 해놓아도 된다. 그리고 적어놓은 레시피북을 인쇄소에 가서 재본을 떠놓고 따로 보관하면 레시피북을 잃어버려도 레시피를 지킬 수 있다. 나 같은 경우는 컴퓨터로 정리해놓고 백업한 후에 재본도 한 권 더 가지고 있다. 컴퓨터나 핸드폰에만 가지고 있다면 고장 날 우려가 있으니 인쇄를 해서 가지고 있는 것을 추천한다. 인쇄를 그냥 하는 것이 아니라 인쇄 설정에 들어가면 종이 크기를 설정할 수 있는데 그러면 다리어리 속지에 인쇄가 가능하다.

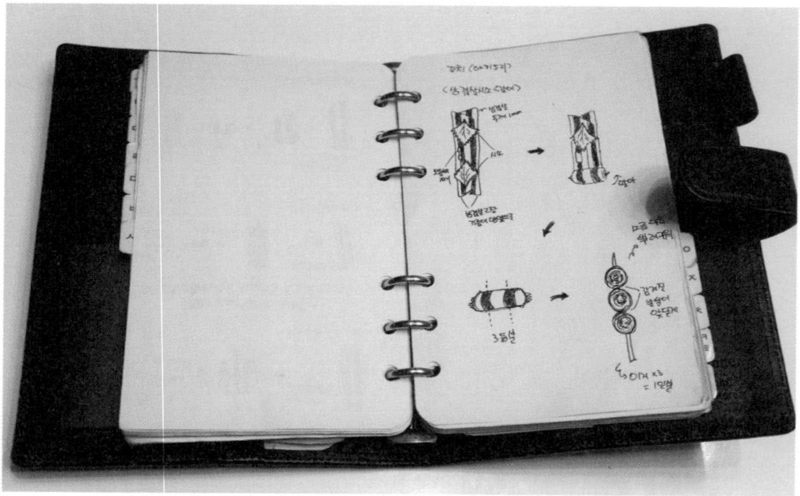

레시피북은 속지를 넣었다 뺐다 할 수 있는 다이어리로 하는 것이 좋다.

맛을 유지하려면 주인이 음식을 만들 줄 알아야 한다

요식업에 종사하면서 창업을 하고 싶어 하는 분들과 또 창업을 직접 하신 분들을 참 많이 만났다. 그런 분들과 이야기를 나누면 참 이해하기 힘든 생각을 가지신 분들도 종종 보게 된다. 회사생활을 그만두고 창업을 생각하시는 분을 만난 적이 있는데 가게를 먼저 차리고 주방장을 고용한 뒤 주방장에게 배우면서 가게를 운영하겠다는 생각으로 창업을 생각하는 분이었다. 말만 들으면 돈도 안 들고 실전 요리를 배울 수 있으니 상당히 그럴듯하게 들린다. 그러나 이 방법은 요리에 대해 전혀 알지 못하는 회사원이 갑자기 음식점 사장이 된 경우 가게 운영에 악 영향을 미치게 되는 경우가 많다. 인복이 많아 주방장을 정말 잘 만나서 본인 뜻대로 잘 콘트롤 되면 모르겠다. 그러나 주방장이 마음에 안 들게 일을 할

때가 문제다.

요리를 잘 모르긴 해도 저건 아닌 것 같은데 라는 부분을 발견하여 사장으로써 지적을 하게 되는 경우를 보자. 주방장은 자존심이 상해서 '사장님께서 요리를 안 해봐서 잘 모르시는 것 같은데, 이건 원래 이렇게 하는 게 맞는 겁니다!'라고 하는 경우가 많다. 그렇게 되면 나중에 주방장을 콘트롤하기 힘들어지고 주방장이 귀찮다는 이유로 비위생적으로 요리한다던지 요리방법을 너무 간략화해 맛이 없게 되는 경우가 생겨도 그것을 고치기 힘들어진다.

오너셰프는 절대적인 자리로 남에게 가르쳐 주어야 하는 입장이다. 그러기 위해서는 어느 정도 요리 지식과 경험을 먼저 쌓는 게 중요하다. 또한 주방장에 그렇게 휘둘리기 시작하면 그 주방장이 그만두었을 때 가게의 매출에 큰 영향이 있다. 레시피가 바뀌고 맛이 바뀌기 때문이다.

본인이 없으면 가게가 흔들리는 것을 알게 된 주방장은 매출과 상관없이 자기 편한 대로 하는 경우가 생길 수도 있다. 물론 주방장을 잘 만나서 최선을 다해서 사장한테 요리 레시피를 알려주고, 사장 말도 곧이곧대로 잘 듣는 주방장도 있을 수 있겠다. 하지만 생계가 달린 창업인데 그 부분을 운에 맡기겠는가? 그런 주방장이 뽑히지 않는다면 계속 해고할 것인가? 본인이 요리를 공부하고 주방일을 모두 할 수 있는, 오너셰프라면 그러한 리스크 줄일 수 있다. 그러기 위해서는 회사를 그만두고 무턱대고 가게부터 차릴 생각은 하지 말아라. 회사 일이 힘든 만큼 요리 또한 본인들이 생각하는 것 이상으로 힘들다.

창업을 급하게 생각하지 말고 우선, 본인이 하고 싶은 가게가 무엇인지 먼저 정하고, 동일 업종에 가서 배워라. 이런 취업난에 어디서 일하냐고? 대기업에 들어가고 싶은 사람은 취업난일지 모르지만 요식업은 구인난이다. 일손이 부족해서 난리다.

맛을 유지 하려면 기준을 정해야 한다.

21살 때 일식집에서 일할 때 일이다. 내가 오징어를 썰고 있었는데 과장님이 옆으로 오시더니 말했다. "야! 뭐하냐? 오징어를 왜 이따위로 썰고 있냐! 누가 오징어를 가로로 썰어? 세로로 썰어야지!"라고 말했다. 그래서 죄송하다고 하고 세로로 썰고 있었다. 그러더니 조금 있다가 부장님이 오시더니 내가 오징어 썰고 있는 것을 보시더니 이렇게 말했다. "야! 오징어를 왜 그렇게 썰고 있어? 비켜봐!"하시더니 가로로 써는 것을 보여 줬다. "오징어는 이렇게 써는 거야! 알겠어?"라는 것이었다. 과장님과 부장님이 하는 말씀이 달라서 곤란했지만 우선 부장님이 과장님보다 높으니까 부장님 말을 따르기로 하고 가로로 썰고 있었다. 참고로 오징어는 가로로 써는 것과 세로로 써는 것에 따라서 물에 데치거나 볶았을 때 그 모양이 달라진다. 그런데 과장님이 내가 오징어를 잘 썰고 있나 보러 왔다. 그러더니 "이 새끼가! 내가 아까 어떻게 알려줬어? 내 말 무시하냐?"라고 해서 "아! 그게 아니고… 아까 부장님께서 제가 오징어 써

는 것을 보고 가셨는데 이렇게 썰으라고 말씀 하셔서요"라고 했다. 그러니 "야! 그럼 부장님 말은 말씀이고, 내 말은 말 같지도 않다는 거네?"라고 했다. 너무 억지스러웠다. 거기에 말을 이었다. "야! 그리고 부장님은 이런 거 잘 모른다고! 내가 하는 말이 맞다고! 내가 말하는 대로 하면 돼! 알았어?" 곤란했지만 그냥 과장님 말대로 썰었다. 혹시나 부장님이 보시면 과장이 이렇게 알려 주었다고 하면 과장을 불러서 고쳐줄 줄 알았다. 그렇게 썰고 있는데 역시나 지나가다가 부장님이 나를 보셨다. 그러더니 소리를 지르셨다. "야! 이 새끼 고집 있네? 뭐하냐? 지금? 내가 방금 알려줬는데 뭐하냐고?"라고 말이다. 그래서 "아… 이거 아까 부장님 말씀대로 썰고 있었는데, 과장님이 그거 아니라고 이렇게 썰면 된다고 해서요"라고 말했다. 그러니 "이 새끼가 죄송하다는 말은 안 하고 과장까지 팔아먹네? 야! 과장이 높아 내가 높아? 누가 높냐고?"라고 하는 것이었다. 그래서 "죄송합니다. 부장님이 높으십니다"라고 하니, "그래! 새끼야! 그럼 내 말을 들어야지 여기서 왜 과장 얘기가 나오냐고!"하는 것이었다. 결국 "죄송합니다…"라는 말밖에 할 수 없었고, 부장님은 끝까지 과장님을 혼내지도 않으셨다. 그리고 오징어를 써는 것에 대해서도 방법은 통일되지 않았다. 그래서 나는 오징어를 썰 때마다 고생했다.

이렇듯 일하면서 가장 곤란한 상황은 상사들의 말이 상반되는 경우다. 위에서 알아서 조율해서 정답을 알려주면 고맙겠지만 그렇지 않다. 일하는 사람 스타일이 달라서 하나부터 열까지 모든 것의 정답을 만들어

놓지 않는다. 그러면 이런 부분은 어떻게 해결해야 할까? 주방에서 높은 책임자(사장 혹은 실장)는 직원들한테 사람마다 다르게 알려주는 경우가 있었는지 물어봐야 한다. 단 실명을 말하라고 해서 그 사람한테 가서 너 이렇게 가르쳐 주면 어떻게 해? 라고 하면 고자질이 되어버리고 기분이 상할 수도 있다. 직원들한테는 실명을 말 안 해도 된다고 하고 내용을 듣고, 그 부분을 통일시켜야 한다. 그런 다음 공지를 해야 한다. 이렇게 하기로 통일했으니 기존의 다른 방식으로 하던 사람도 불편하더라도 이렇게 해주세요! 라고 말이다. 그렇게 하면서 시정조치를 계속하면서 가장 최선의 방법을 찾으면서 기준을 정해야 한다.

맛에 대한 줏대를 가져라!

줏대가 영어로 뭘까? 궁금해서 찾아보니 backbone이며 척추를 뜻한다. 요리에 있어서 척추! 즉, 뼈대는 무엇일까? 그것은 바로 '맛'이라고 생각한다.

맛이 뼈대인 만큼 흔들리지 않게 지켜나가야 한다. 그럼 어떻게 지켜나갈지 예를 들어보자. 음식을 다 먹고 계산할 때 "가게 음식이 전반적으로 너무 짰어요!"라고 말해주는 사람들이 있다. 그런데 그런 소리를 들었을 때 "아. 짰나보구나 다음부터는 싱겁게 해야지"라고 생각하고 다음부터는 싱겁게 만들고, 다음에 다른 분이 오셔서 "가게 음식을 일부러 이렇게 싱겁게 하신 건가요?"라고 해서 그 다음부터는 "아. 너무 싱겁게 했나? 조금 더 간을 해야 되겠네"라고 생각하면 안 된다. 즉 본인 음식의 맛에 믿음을 가지고 누가 뭐래도 일정하게 지켜나가야 한다. 그렇다고 손님이 음식을 먹는 도중 "음식이 짜서 못 먹겠다. 어떻게 좀 해 달라"라고 하는데 "원래 그런 요리이기 때문에 그냥 드셔야 합니다"라고 하는 것은 많이 생각해봐야 한다.

실제로 일본 요리장인들이 몇 대째로 내려오는 레시피로 요리를 하는 경우는 그 요리에 대한 프라이드가 상당히 높다. 그래서 손님이 짜다고 해도 '우리 집 요리는 원래 이런 맛이다'라고 말하기도 한다. 그런 것은 백여 년간 선대가 물려준 레시피를 고수하고자 하는 그 가게만의 방법이기 때문에 중요한 부분이다. 그러나 그런 부분이 아니고 그 요리가 조금 싱겁게 함으로 인해 별문제가 안 되는 부분이라면 대응을 해도 된다. 그게 덮밥이면 맨밥을 더 줘서 좀 싱겁게 해주던지, 국이면 간을 하지 않은 육수를 더 줘서 좀 싱겁게 맞춰주면 된다. 실제로 '시후쿠'에 손님으로 아주머니와 직장동료가 오셨다. 그런데 음식을 다 먹고 계산할 때 아주머니가 "음식이 조금 짰어요"라고 했다. 이미 다 드시고 계산하실 때 말한 터라 어떻게 대응해 드릴 수가 없어서 "아… 그러셨구나. 식사하실 때 말씀해주셨으면 저희가 조금 싱겁게 해드릴 수 있었는데… 신경 쓰지 못해서 죄송해요"라고 했다. 그리고 며칠 뒤에 그 손님이 또 오셨다. 나는 그 손님이 오신 줄 모르고 음식을 똑같이 내고 있었는데 나중에 계산할 때 주방에 말했다. "오늘도 음식이 전반적으로 짰어요. 조금 싱겁게 하면 좋을 것 같아"라고 말이다. 이 요리를 드신 다른 손님들한테는

그런 소리를 안 들었는데 유독 그분은 음식이 전반적으로 짜다고 하셔서 '아. 음식을 원래 싱겁게 드시는구나…'라고 생각했다. 신기하게도 짜다고 하시면서 계속 오셨다. 그 다음에 오셨을 때는 내가 그 손님이 오신 것을 알았는데 "저번에 조금 짜다고 하셔서 이번에는 좀 싱겁게 해드렸어요. 입맛에 맞으시면 좋겠네요"라고 말을 하면서 음식을 드렸다. 그러니 음식을 다 먹고 가실 때 웃으시면서 "너무 맛있게 잘 먹고 가요. 조금 싱겁게 하니까 훨씬 맛있네요. 음식을 전체적으로 좀 싱겁게 바꾸는 게 나을 것 같은데요?"라고 말해줬다. 그래서 나는 "맛있게 드셔주셔서 감사합니다. 그런데 저희 가게가 레시피가 정해져 있어서 레시피 대로 만들면 손님한테 조금 짤 수가 있어요. 그래서 다음에 오실 때 제가 없으면 홀 직원한테 조금 싱겁게 해달라고 말씀해주시면 주방에서 그렇게 해 드릴 거예요"라고 말해 드렸다. 그 손님은 요즘도 계속 오시고 있다.

이렇듯 그 손님의 취향과 입맛을 기억하고 있다가 손님의 입맛에 맞춰 해드리면 손님들은 더욱 만족감을 표한다. 더 나아가 자기 입맛까지 알아주는 가게에 있어서 감동을 받는 손님도 있을 것이다. 그런 손님 취향을 혼자 기억하기보다 가게 직원끼리 공유하는 것도 중요하다.

다른 직원한테 말해도 모든 손님의 입맛을 모두 기억할 수 없으니, "다음에 오실 때 싱겁게 해달라고 말씀해주시면 그렇게 해드릴게요"라고 손님한테 말하면 다음에 다른 직원들이 그 손님이 싱겁게 먹는 것을 캐치 못하고 짜게 드렸을 경우를 대비할 수 있다. 그렇게 함으로 그 손님은 항상 입맛에 맞게 먹을 수 있다.

'줏대'와 '고집'은 다르다! 유연성을 발휘해야 할 때!

'줏대 있게 맛을 고수하라!'라는 부분 중에 '줏대'는 '무조건 고집을 피워라'라는 말이 아니다. 손님의 입맛에 맞춰서 유연하게 대처해야 할 때가 있다. 그건 언제일까? 줏대 있게 맛을 지켜나가는 가운데 짜다는 말 혹은 싱겁다는 말을 여러 손님께 반복적으로 계속해서 들었을 경우이다.

손님 말 한마디에 음식의 맛이 바뀌면 '이 집은 올 때마다 맛이 바뀌어'라든지, '이 집은 저번에는 맛있었는데 오늘은 영 별로네'라는 소리를 들을 수 있다. 정도가 있지만, 음식에 있어서 '짜다', '싱겁다'라는 부분은 지극히 주관적이다. 주관적이니 만큼 100명의 사람이 있다면 100명 모두 딱 알맞은 '간'을 찾는 것은 불가능 하다. 그 중 누군가는 짜다고 하고, 같은 음식임에도 또 누군가는 싱겁다고 한다.

우리는 100명 중에 그래도 많은 분을 만족시킬 수 있는 그 중간을 찾아서 요리해야 하는 상황이다. 그런데 그 중간을 찾아야 하는데 본인이 정한 기준이 너무 짜던지 너무 싱겁든지 하면 계속해서 반복적으로 손님들께서 그런 이야기가 나온다. 그러한 경우는 기준을 잘못 정했을 수도 있다는 것을 생각해보고 레시피를 다시 연구해봐야 한다.

위에서는 짜고 싱거운 '간'에 대한 부분만 언급했는데 맛을 바꾼다는 것은 음식의 간에 대한 부분만 한정하여 생각하지 말고 달고, 시고, 맵고,

쓰고 하는 모든 맛의 부분도 생각해 봐야 한다. 본인이 생각하는 레시피가 정말 최고의 레시피여도 그 지역 특성이나 요즘의 트렌드 혹은 결정적으로 고객의 입맛에 맞지 않는다면 레시피를 바꿔야 하는 것도 염두에 둬야 한다.

예를 들면 내 고향은 대전인데 10년 전에 대전에서 이탈리아 사람이 본토식 이탈리아 씬 피자 가게를 오픈 한 적이 있다. 그런데 이탈리아 전통 피자는 피자 기지 부분을 일부러 까맣게 태워서 나온다. 지금은 서울에서 강남이나 이태원 등에서 외국 분들이 그러한 본토식 피자를 많이 판매하고 있어서, '이탈리아에 가면 원래 이렇게 태워서 준대… 신기하다. 매력 있다'라고 하면서 받아들이고 오히려 그런 것이 요즘에 인기가 더 있다. 본토에 가본 적은 없지만 마치 본토에서 먹는다면 이런 맛이겠지? 하면서 먹기 때문이다. 그리고 SNS에 올리려면 뭔가 특이해야 하는데 '진짜 이탈리아 피자는 이렇다! 너희는 먹어 봤니? 나는 지금 먹고 있다' 이렇게 올리면 반응이 좋기 때문이다. 그런데 10년 전에 그것도 지방에서 그런 피자를 선보인 외국인은 대박을 꿈꿨을 것이다. 그렇게 하는 곳이 정말 없었기 때문이다. 하지만 역효과였다. 그런 본토 피자를 대전에서 선보이자 그 피자집에서 드시는 손님마다 '피자가 왜 이렇게 다 타서 나왔냐?', '안 탄 것으로 바꿔달라!'라는 말을 했다.

일본에서도 그렇지는 않은데 한국에서는 유독 '탄 것'에 민감하게 반응을 한다. 매스컴에서 '탄 음식에는 발암 물질이 있습니다'라는 것을 많이 소개했기 때문이다. 물론 그런 말을 반박으로 '탄 음식을 한 트럭 먹어야 암에 걸린다. 그렇게 조금 먹는 건 건강에 전혀 지장이 없다'는 말도 많이 듣는다. 다시 아까 이야기로 돌아가서 그렇게 탄 것에 대한 불만으로 가득 찬 손님께 피자집 외국인 사장은 이렇게 말했다. '원래 이탈리아에서는 이렇게 나옵니다. 이게 저희 가게 방식입니다' 본인의 방식을 줏대 있게 고수한 것이다. 하지만 고객은 이렇게 반응했다. '그런 건 잘 모르겠고, 내건 안 탄 걸로 해줘요'라고 말이다. 결국 그 가게는 어떻게 되었을까? 가끔 한두 분의 컴플레인이 아닌 계속해서 그러한 컨플래인이 발생하는데도 본인의 고집을 꺾지 못해서 결국 문을 닫게 되었다.

이렇듯이 본인이 맛에 대한 확신을 가지고 밀어붙일 땐 밀어붙여야 하지만 고객의 소리도 듣고 캐치할 수 있는 안목도 중요하다고 생각한다. 장사가 어렵다는 것은 이러한 부분을 말한다. 줏대를 가져야 할 때를 알고 또한 고객의 소리에 유연하게 대처해야 할 때를 알며 그것들을 잘 해결해 나갈 때야 비로소 성공적인 장사를 할 수 있다.

같은 맛을 낼 수 있는 '알, 시, 지, 고'의 법칙

요리를 하면서 같은 맛을 내기 위해서는 재료의 준비 방법, 레시피, 조리방법, 플래이팅을 함에 있어서 모든 가게 구성원이 이 부분을 숙지하며 실행하고 있어야 한다. 사장 생각에는 이런 것은 한 번만 설명하면 다 알 것이라고 생각한다. 그러나 이런 것은 지속해서 알려주지 않으면 변질된다. 본인들이 편한 대로 고치기 때문이다. '꼭 이렇게 해야 해? 이렇게 하면 안 돼? 이게 더 편한데?'라는 식으로 바뀌다 보면 음식 맛이 요리하는 사람마다 제각각이며 맛 또한 변질될 수 있다. 그러면 어떻게 관리해야 할까?

직원한테 '알, 시, 지, 고'의 법칙으로 알려주면 좋다.

'알, 시, 지, 고'에서 '알'은 알려주는 것이다. 어떤 음식을 함에 있어서도 알려줌이 필요하다. '이렇게 재료준비를 해서 이렇게 조리를 한 후에 이렇게 그릇에 담아내면 돼. 내가 이것저것 다 해봤는데 이렇게 하는 것이 가장 좋아!'라는 부분을 하나하나 정확하게 알려줘야 한다. '시'는 시켜보는 것이다. 알려주었으니 시켜봐야 한다. 그리고 '지'는 지켜보는 것이다.

그런데 대부분이 시켜놓고, 지켜보지 않고 있다가 나중에 와서 화를 낸다. 무슨 소리인지 예로 들어 설명하면 우리 가게에 새로운 직원이 왔다. 그래서 선임 요리사가 후임 요리사에게 돈까츠 만드는 법을 알려주고 있었다. '여기 보면 돼지고기 있죠? 이걸 이렇게 해서 빵가루를 이렇게 묻히면 돼요! 쉽죠? 한번 해봐요'라고 했다. '이렇게 하면 되나요?'라고 하며 후임요리사가 돼지고기에 빵가루를 묻혔다. 그걸 보고 선임요리사가 '아! 네! 맞아요. 그렇게 하면 돼요! 그렇게 이거 돼지고기 다 묻혀주세요. 그리고 그거 다 묻히면 저한테 말해주세요!'라고 하고 선임요리사는 다른 재료 준비를 하러 갔다. 시간이 흐르고 후임 요리사가 말했다. '돈까츠 다 해놨습니다. 이제 어떻게 하면 되죠?' 선임요리사가 그걸 보고는 '아! 이거 이렇게 해놓으시면 어떡해요! 여긴 빵가루가 너무 두껍고! 여기는 빵가루가 하나도 안 묻어 있고! 아. 이러면 다시 해야 해요! 비켜 봐요'라는 것이다.

선임요리사와 후임요리사 중 누가 잘못 한 걸까? 여기서 문제점은 뭘까? 여기에서 문제점은 선임요리사가 '알, 시, 지, 고'중에 '지'를 제대로 하지 않았다는 것이다. 즉 지켜보지 않았다는 말이다. 이런 상황을 보고 선임요리사에게 '왜 지켜보지 않았어?'라고 하니 '처음 한두 장은 잘 묻혔어요. 그래서 계속 잘 묻힐 줄 알았죠'라는 것이다. 이 부분도 '지'를 잘못 이해 한 것이다. '지'는 '계속 지켜보면서 잘하고 있나? 고쳐줄 부분은 없나?'를 보는 것이 여기서 말하는 '지'이다.

마지막으로 '고'는 고쳐주는 것이다. 계속 지켜본 후에 고칠 점을 분석하고 제대로 고쳐 주는 것이다. 그 후에도 계속 다시 알려주고, 시켜보고, 지켜보고, 고쳐주고를 반복해서 알려줘야 한다.

그런데 보통 선임요리사가 후임 요리사에게 혼을 낼 때 보면 이런 '알, 시, 지, 고'가 되지 않는 경우가 많다. '알, 시, 지'처럼 알려주고 시켜놓고 지켜보면서 '어휴' 하고 한숨을 쉬며 어차피 저 사람은 말해도 고쳐질 것 같지도 않은데 자기 에너지를 쏟는 것이 아깝다는 이유로 고쳐주지 않는 경우도 있다. 혹은 '시, 고'처럼 '야! 너 이거 오징어 손질해놔!'라고 시켜버리고 '야! 누가 이렇게 하랬어? 이건 이렇게 해야지!'라고 제대로 알려 준 적도 없으면서 화만 내며 고쳐주려고만 한다.

이렇게 '알시지고'가 이루어지지 않으면 새로 무언가를 배우는 직원의 입장에서는 혼란을 일으킬 수 있으며, 균일한 맛도 유지하기 힘들어진다.

출근방과 단톡방 그리고 중요한 공지방!

시후쿠는 카카오톡에 방을 3개 만들었는데 출근방, 단톡방, 공지방이다. 출근방은 말 그대로 출근 시 찍는 출근표와 같다. 이미 출근퇴근 기록기를 쓰고 있는 가게도 많지만 휴대폰으로 공유됨으로 인해 누가 언제 몇 시에 출근했는지 한눈에 알아보기 편하고 출퇴근 기록기와 다르게 기록카드를 잃어버릴 염려가 없어 좋다.

단톡방은 시후쿠 가족이 자유롭게 이야기를 하는 방이다. 식재료 발주에 관해서도 이야기를 하고 음식에 대해서도 이건 이렇게 하는 것이 좋을 것 같다는 의견을 내놓기도 한다.

공지방은 그러한 내용 중에 정한 기준이 있다면 공지로 올린다. 예를 들어 단톡방에서(혹은 실제로 만나서) '새우튀김에 새우가 너무 적은 것 같으니 현재 120g에서 150g으로 늘려서 드리겠습니다'라고 하면 그러한 내용을 공지방에 올리는 것이다. 단톡방과 따로 만든 이유는 단톡방에서 이렇게 하자! 라고 했을 때 그것이 너무 많아지거나 계속적인 수정이 일어날 때 잡다한 이야기와 공지가 섞여서 나중에 결국 '새우가 몇 그램이었지?'를 찾는데 번거로움이 있어서 방을 따로 만들게 되었다.

가장 중요한 부분이 이런 공지방이다. 어떠한 것을 말로 설명하면 들은 사람은 까먹기 일쑤이고 나중에 재차 물어보기 곤란한 상황일 수 있다. 그러나 그렇게 공지방을 만들어 놓으면 매번 확인할 수 있고 기준이 있기 때문에 일을 하면서 혼란을 겪지 않을 수 있다.

프랜차이즈와 전수 창업!

본인 혼자서 본인의 기술로만 창업하기 두렵다면 많은 사람이 하는 창업방법은 가맹점 창업과 전수 창업이 있다.
가맹점 창업은 흔히 말하는 프랜차이즈를 말한다. 프랜차이즈 본사와의 영업 계약을 통해 인테리어 및 메뉴 등 창업의 모든 부분을 본사의 요구 사항에 맞게 진행하게 된다.

프랜차이즈도 장단점이 있는데 장점부터 보자. 우선 프랜차이즈의 브랜드 인지도를 통한 수익 창출이 된다. 브랜드가 이미 알려진 만큼 많은 사람이 믿고 방문할 확률이 높아진다.
두 번째로 사업에 경험이 없더라도 본사의 매뉴얼에 따라 사업을 진행해 나가니 비교적 수월하게 창업을 할 수 있다.
사실 이 부분이 프랜차이즈를 하는 사람들의 이유가 된다.

'음식점은 차리고 싶은데 요리와 경영은 해본 적이 없으니 어떻게 하지?'라는 이유로 프랜차이즈 가맹점을 시작하는 사람이 가장 많다. 세 번째로 본사에서 일괄적으로 광고를 하기 때문에 개별적으로 하는 것보다 훨씬 영향력이 크다. 홍보에 있어서도 스케일이 다르다는 것이다.
그러면 단점도 한번 살펴보자. 가장 큰 단점으로는 본사에 지급하는 과다한 로열티와 인테리어, 광고 등 가맹 계약상의 지속적인 지출비용이다. 장사를 하기 전에 매출액의 5%는 로열티, 5%는 광고비, 그 외 주기적으로 리모델링 비용 얼마라고 하면 실감이 나지 않는다. 하지만 막상 하고 나면 그 금액이 만만치 않다는 것이다. 또한 과다한 인테리어 비용도 있다.
직원의 지인분 중에 패스트푸드 프랜차이즈 가맹점을 운영하고 있는 분의 이야기를 들은 적이 있다. 어느 날 손님이 술에 취해 스테인리스 쓰레기통을 발로 찼는데 찌그러졌다. 외관은 조금 찌그러졌지만 사용하기에는 멀쩡했다. 그런데 어느 날 본사 직원이 와서 이것저것을 보다가 쓰레기통을 봤다고 한다. 그러더니 '쓰레기통은 교체해야겠네요!'라는 것이었다. '그대로 쓰면 안 되나요? 조금 찌그러진거지 아직 새것인데…'라는 말을 하니 '프랜차이즈의 이미지가 있어서 찌그러진 것은 사용할 수 없어요. 그리고 규정상 외관이 상한 인테리어 기물은 사용할 수 없도록 명시되어있어요'라는 대답을 받았다는 것이다. 그래서 바꾸기로 했는데 쓰레기통이 20만 원이란다. 그래도 계약상 명시된 부분이니 아깝지만 바꿀 수밖에 없었다고 한다.

이러한 경우는 금액이 적지만 본사에서 가맹점에게 시즌이 지나서 리모델링을 해야 한다고 하면 몇 백만 원에서 많게는 몇 천만 원까지 인테리어 비용이 드는 경우도 있다.
다른 단점으로는 본사나 다른 가맹점의 실패가 나의 가게의 이미지와 신용에 영향을 미친다는 점이다. 또한, 메뉴나 판매 방법, 인테리어 등의 모든 것이 표준화되어 있어서 본인만의 좋은 아이디어가 있어도 그것을 실행할 수 없다.

결론은 프랜차이즈는 본인의 특별한 기술이 없더라도 차리기는 쉽지만, 그 외 수익적인 부분에서 마진율이 낮으며, 본인만의 개성을 살린 가게를 만들기는 힘들다.

전수 창업은 뭐야?

전수(傳受)의 뜻을 보면 '기술이나 지식 따위를 전하여 받음'이라고 되어있다. 즉, 전수 창업이란? 장사가 잘되는 집의 사장님께 일정 비용을 주고 기술과 지식을 배운다고 생각하면 된다.

기술과 지식이라 함은 식자재 관리방법, 요리 방법, 소스의 레시피 및 음식점 경영 노하우 등이 있으며 그 외 식자재 거래처나 인테리어 방법 등 지식에 포함된다. 이러한 기술과 지식을 전수 받은 뒤 본인만의 가게를 창업하는 방식을 말한다.

프랜차이즈 같이 일정 비용을 지급하고 가게의 상호 등을 사용할 수 있게끔 진행하는 경우도 있으며, 기술과 지식만 전수하고 가게의 상호 사용은 불가한 경우도 있다.

전수 창업과 프랜차이즈의 다른 점은 자유도에 있다. 프랜차이즈는 본사를 바탕으로 인테리어, 메뉴 등 통일된 가게 운영 방식을 취하지만, 전수 창업 대부분의 경우는 정해진 틀에 얽매이지 않고 본인만의 색깔을 낼 수 있는 점이 다르다.

전수 창업 해주는 사장님께 배운 내용을 그대로 행하지 않고, 본인이 더 연구해서 더 맛있게 만들어도 된다. 또한 인테리어도 마찬가지로 더 나은 인테리어를 고민해서 적용할 수 있다는 것이다.
프랜차이즈와 달리 과다한 로열티, 리모델링비, 광고비 등이 없어서 가게를 운영하는 데 있어 부담을 덜 수 있다.

전수 창업은 프랜차이즈와 비교할 때 기술전수 비용이 적게 들어가며 지속적인 추가비용도 없거나, 적다는 장점이 있다. 또한 전수 창업을 받지 않고 창업하는 개인 창업과 비교했을 때, 전수 창업은 식자재 관리, 요리 방법, 경영 노하우 등을 전수 받음으로 인해서 본인이 겪어야 할 시행착오를 최소한으로 줄여줄 수 있다.

장사가 잘되는 가게의 맛을 본인 가게에서 동일하게 재현함으로 인해 고객 확보에 큰 도움을 줄 수 있다. 즉, 전수 창업은 그 맛을 내기 위해 들이는 시간과 노력과 결과물을 비용을 지급해서 산다고 생각하면 된다.

아는 지인분이 떡볶이집을 하고 싶다고 했다. 그래서 떡볶이집 전수 창업을 이곳, 저곳을 알아본 뒤 가서 먹어보고 맛있는 가게를 결정하게 됐다. 결정한 떡볶이집에서 떡볶이 소스를 배웠는데 500만 원이었다. 비용을 지급하고 떡볶이 소스를 배웠는데, 특별한 비법이 아니라 별거 없었다고 한다.
고추장, 고춧가루, 설탕, 간장 등의 여러 가지 재료를 넣고 섞으면 끝이라는 것이었다. 이렇게 들어가는 식재료나 만드는 방법만 가지고 접근 한다면 요리 레시피 라는 것이 모두 별거 없게 느껴진다. 사실 그렇지 않은가? 떡볶이 소스에 뭐가 들어가겠는가? 위에서 말한 대로 뻔하다. 하지만 중요한 것은 비율이다. 모두 다 섞었을 때 맛있는 비율을 만들기 위해서 떡볶이 사장님도 시간과 노력을 들여 수많은 시행착오를 겪었을 것이다. 결과물만 보았을 때는 별거 없다고 느끼겠지만 그 것이 특별한 비법인 것이다. 요리를 해본 사람이면 알 것이다. 어떤 재료를 얼마큼 넣느냐에 따라 맛의 차이가 확연히 달라진다.

시후쿠에 '유케동 간장'이라는 메뉴가 있는데 간장 육회를 덮밥 형식으로 만든 것이다. 그런데 이 간장 소스를 만들기 위해서 거의 한 달간 점심, 저녁으로 유케동만 연구하며 먹었다. 한 그릇씩 먹은 것도 아니고 6그릇 정도 만들어 놓고 하나는 간장을 더 넣고, 하나는 설탕을 더 놓고 하는 식으로 모두 다르게 만든 후 직원들과 계속해서 먹어보고, 또 바꿔보고 해서 시후쿠만의 간장 소스로 레시피를 완성시켰다.

이렇게 만든 사람은 엄청난 시행착오와 노력을 통해 만든 레시피인데, 레시피만 보면 별거 아닌 것처럼 보인다.
육회 간장 소스에 뭐가 들어가겠는가? 간장, 설탕, 참기름 등 넣는 재료를 보면 뻔하다는 것이다. 하지만 그 비율이 중요하다는 말이다.

사실 레시피는 본인이 연구해서 만들 수는 있다. 하지만 그만큼 시간과 노력이 들어가는데 그러한 부분을 줄여주는 것이 전수 창업이라는 것이다. 전수 창업에서 본인의 시간과 노력을 줄일 수 있는 부분은 레시피에 국한 되는 것은 아니다. 가게 인테리어 방법이나 가게 경영 방법 및 애로사항 등을 전수창업자에게 물어보는 것만으로 본인의 시간과 노력을 줄일 수 있다.

전수 창업은 프랜차이즈와 비교해서 많은 부분에 자유도가 있는 만큼 본인이 해결해야 하는 부분도 많다.
전수 창업은 본인은 힘을 전혀 들이지 않고 하나부터 열까지 모든 것을 맡겨 놓고 창업한다는 생각을 하면 안 된다. 그렇게 생각한다면 프랜차이즈를 해야 한다. 본인 스스로 힘으로 가게를 차리는데, 맛집 사장님께 노하우를 전수 받아서 더욱 잘되게 하겠다는 생각으로 임해야 한다.

전수 창업을 하더라도 요리를 처음 접하는 사람이라면 어느 정도 요식업에서 일해보고 가게를 차리는 것을 추천한다. 물론 회사 다니다가 전수 창업을 받고 바로 가게를 차릴 수도 있겠다. 하지만 본인이 하고자하는 창업 아이템의 가게에서 어느 정도 일을 한 뒤 전수 창업을 받고 차린다면 추후 많은 도움이 된다. '시후쿠'도 전수 창업을 하고 있다. 관심이 있으신 분은 이메일(sihuku2012@naver.com)이나 카카오톡(ID:sihuku2012)으로 문의해주시면 성심성의껏 답변해드리겠다.

에필로그

꿈을 현실로 만들자!

자신의 가게를 처음 오픈 할 때 느껴지는 감동과 설렘은 말로 표현하기 힘들다. 지금 나도 5년 전에 내 생애 첫 가게를 오픈할 때를 생각하면 두근거림이 아직도 생생하다. 자신의 가게를 오픈하면 보통 이렇게 다짐한다. '내가 할 수 있는 최고의 서비스와 최고의 요리를 손님한테 대접해 드려야지!'라고 말이다. 이것이 바로 초심(初心)이다. 하지만 가게를 운영하면서 장사가 어느 정도 되고 자리가 잡히면 이러한 다짐을 종종 잊어버린 채 일을 하는 경우가 있다. 바쁘고 피곤한 현실에 부대끼며 언제 그랬냐는 듯이 점점 잊어버리게 된다. 하지만 가게를 오랫동안 유지하며 성공의 길까지 가기 위해서는 이러한 초심을 매번 다잡을 필요가 있는 것 같다. 가게를 운영하면 항상 새로운 문제에 부딪치고, 해결해 나가야